영원주의와 떠돌이 의식
서 정 주

세계 작가 탐구(한국편) [022]

찍은 날	2003년 7월 15일 초판 찍음
펴낸 날	2003년 7월 20일 초판 펴냄
지은이	박 호 영
펴낸이	정 길 생
펴낸곳	건국대학교출판부
	주　　소 : 143-701, 서울시 광진구 화양동 1번지
	전　　화 : 도서주문 (02) 450-3893 / FAX (02) 457-7202
	편 집 실 (02) 450-3891~2
	홈페이지 : http://press.konkuk.ac.kr
	전자우편 : press@www.konkuk.ac.kr
	등　　록 : 제4-3 호(1971. 6. 21)
책임편집	박 명 희
찍은 곳	신일기획문화주식회사

값 7,000원

ⓒ 박호영, 2003
* 잘못 만들어진 책은 바꾸어 드립니다.
* 저자와의 협의하에 인지 첨부를 생략합니다.

ISBN　89-7107-350-0 04800
ISBN　89-7107-232-6 (세트)

♠ 이 도서의 국립중앙도서관 출판시도서목록(CIP)은 e-CIP 홈페이지
(http://www.nl.go.kr/cip.php)에서 이용하실 수 있습니다.(CIP제어번
호: CIP2003000653)

서 정 주

―영원주의와 떠돌이 의식―

박호영 저

건국대학교 출판부

서 정 주(徐廷柱, 1915~2000)

(1994년 서재에서. 그는 틈날 때마다 서재에서 그가 태어난
고향 질마재를 생각하며 시적 상상의 날개를 펴곤 했다.)

◀

1982년 남현동 자택에서
집필중인 미당 서정주

팔순이 가까운 나이에도 아랑곳하지 않고 왕성한 창작의욕을 불태웠던 생전의 미당

저자의 말

시인 서정주에 대한 집필은 나로서는 의욕이 생기는 것이기도 하면서, 한편으로 망설여지는 것이기도 했다. 이 땅의 시인 중 시의 맛과 시의 멋이 무엇인지를 알고, 상상력이나 시정신이 뛰어난 시인이기에 의욕을 느끼게 했으며, 망설여졌던 것은 그가 생존의 시인(집필 의뢰를 받을 당시)이요, 그의 작품도 많지만 그에 대한 논문이나 저서 등이 방대하여 작업이 벅찰 것 같았기 때문이었다. 그래서 집필 시작을 차일 피일 미루다가 예정된 탈고 날짜를 훨씬 넘기게 되었고, 이제서야 부족하나마 책 한 권의 분량으로 마무리하기에 이르렀다. 그동안 시인께서는 돌아가셨으니 필자로서는 당신이 안 계셔 부족한 작업에 대한 면구스러움을 모면하게 되었지만, 한편으로 생전에 당신에 대한 글을 보여드리지 못해 죄책감이 들기도 한다.

제1장 '서정주의 생애'는 시인 스스로의 자서전에 많이 의존했다. 『미당 자서전』(민음사, 1994) 1, 2권은 그가 진솔하게 그의

지나온 과거를 털어놓은 글이라 무엇보다도 많은 도움이 되었다. 정봉래의 『시인 미당 서정주』(좋은 글, 1993)와 『시와 시학』을 비롯한 문학잡지에 게재된 서정주 관련 글들도 참조했다. 한 가지 밝힐 것은 해방 후 오점이 될 만한 그의 행적에 대해서는 거론하지 않았다는 것이다. 이 책이 시인으로서의 서정주의 업적을 묶는 것이니만큼 굳이 시인의 어두운 면을 들춰낸다는 것은 부적절하다는 생각에서였다. 그의 친일 행위는 많이 알려진 사실이고, 시인 스스로의 언급도 있고 해서 간단히 다루었다.

제2장은 서정주의 시세계에 대한 설명을 그 내용으로 하고 있다. 그의 시집은 『화사집』부터 『80 소년 떠돌이의 시』에 이르기까지 15권에 이른다. 이들 시집에 실린 시를 전부 살펴보아야 하는 일이겠지만 이 책이 시인의 전체 시세계를 조망해야 할 만큼 전문적인 연구서의 성격을 띤 책도 아니고, 미당 시의 정수가 결국은 초기나 중기에 해당되는 시기의 시들이라는 인식이 있었기에 『화사집』으로부터 『질마재 신화』까지만 중점적으로 다루고, 『떠돌이의 시』 이후는 한데 묶어 취급했다. 참고적으로 『떠돌이의 시』 이후에 출간된 시집들의 내용을 간단히 언급하면 『서으로 가는 달처럼』은 여행 중의 감회를 읊은 시들의 모음이고, 『학이 울고 간 날들의 시』는 주로 그가 관심을 가졌던 신라정신의 탐구와 그 연장선상에서의 고려, 조선의 인물들에 대한 시들이 주종을 이루며, 『안 잊히는 일들』은 그의 유년 시절부터 60대까지 겪은 일들을 자서전적으로 서술한 시들로 구성되어 있다. 자서전적 성격의 시들로 엮어짐은 열두

번째 시집이 되는 『팔할이 바람』도 마찬가지다. 또한 『노래』는 사계절을 구분하여 그에 따른 감상을 시로 읊은 것들이요, 『산시』는 그의 두 번째 세계여행의 체험이 바탕이 된 작품들이고, 『늙은 떠돌이의 시』와 『80 소년 떠돌이의 시』는 자신의 과거를 돌아보는 시들과 여행의 체험에서 나온 시들이 합쳐진 것이라고 볼 수 있다.

제3장에서는 미당의 20편의 대표적인 작품들을 분석했다. 이 책의 성격상 가급적 작품 자체에 충실하면서 쉽게 해석하고자 했다. 창작 배경이 되는 자료들을 활용하면서 기존의 해석에 도움을 받기도 했지만, 독창적인 분석이라고 볼 수 있는 작품들도 눈에 많이 띌 것이다. 내가 이 부분을 이 책에서 가장 비중을 두는 이유는 바로 이러한 점 때문이다. 물론 시의 특성상 해석의 왕도가 없기에 나의 분석이 절대적이라고 할 수는 없다. 보는 이에 따라 여러 갈래로 해석될 수 있는 것이 시이다. 다만 꿈보다 해몽이 좋은 격인 견강부회식의 해석이나 현학적인 문장을 피했기에 기존의 어느 해석보다도 이해하기가 쉬울 것이다.

제4장에서는 미당이 시집을 내면서 쓴 서문이나 발문들을 모았다. 이들 글의 수록이 중요한 이유는 그 속에 시집의 성격이나 시세계가 축약적으로 제시되어 있고, 훗날 이것들은 시집의 절판과 더불어 사라질 우려가 있기 때문이다. 실제로 최근에 나온 『미당 시전집』(민음사, 1994) 세 권 속에도 서문이나 발문들은 누락되어 있다. 한자어 표기를 한글로 바꾸지 않고, 철자법이 틀린 단어를 그대로 쓴 것은 시집을 낼 당시의 원문을

그대로 보여주기 위함이다. 시인의 연보나 작품 연보, 미당 연구 논저 목록은 기왕의 책들에 실린 것을 종합하여 구성했다. 그럼에도 불구하고 시인 연보는 최근의 것이 많이 누락되어 있을 것이다. 미처 자료 수집을 하지 못했기 때문이며, 이 책의 수정·증보판이 나올 경우 보완하고자 한다.

끝으로 탈고를 못해 연기를 거듭한 원고를 끝까지 기다려 준 건국대학교출판부 관계자 여러분께 죄송함과 고마움의 인사를 전하며, 생전에 직접 대면하지는 못했지만 나로 하여금 시의 깊이와 넓이를 알게 해주신 미당 선생님의 영전에 삼가 이 책을 바친다.

2003년 6월
저 자

차 례

■ 저자의 말 / 5

1. 서정주의 생애 ——— 13

    (1) 출생 및 유년 시절 · 13
    (2) 소년 시절 · 17
  (3) 일제시대와 친일 행위 · 22
    (4) 해방 이후의 활동 · 24
    (5) 세계 유랑 및 사망 · 34

2. 서정주의 시세계 ——— 41

    (1) 『화사집』 · 41
    (2) 『귀촉도』 · 53
    (3) 『서정주시선』 · 62
  (4) 『신라초』, 『동천』 · 75
    (5) 『질마재 신화』 · 93
(6) 『떠돌이의 시』와 그 이후 · 101

3. 대표 작품 분석적 읽기 ──── 111

(1) 「화사」· 111
(2) 「영산홍」· 116
(3) 「해일」· 118
(4) 「행진곡」· 122
(5) 「학」· 124
(6) 「귀촉도」· 127
(7) 「추천사」· 130
(8) 「국화 옆에서」· 132
(9) 「동천」· 135
(10) 「선덕여왕의 말씀」· 137
(11) 「꽃밭의 독백」· 140
(12) 「춘향유문」· 142
(13) 「무등을 보며」· 144
(14) 「다시 밝은 날에」· 146
(15) 「자화상」· 149
(16) 「바다」· 152
(17) 「광화문」· 155
(18) 「마른 여울목」· 157
(19) 「가을에」· 160
(20) 「여행가」· 162

4. 서정주 시집들 서문, 발문 총람 ──── 167

■ 연보 및 연구자료 / 191

서 정 주

영원주의와 떠돌이 의식

1

서정주의 생애

(1) 출생 및 유년 시절

서정주는 1915년 5월 18일 전북 고창군 부안면 선운리(속칭 질마재)에서 출생하였다. 질마재의 '질마'는 마을을 넘어서는 고개의 모양이 길마(수레를 끌 때 말이나 소 등에 안장같이 얹는 제구)와 같다고 하여 붙여진 것이다. '질마'는 '길마'가 구개음화 안 된 상태의 명칭이다. 호는 미당이며, 아호는 궁발이다. 그의 아버지는 서광한으로 재주가 많은 사람이었으나 미당 할아버지의 노름벽 때문에 가산이 탕진되어 먹고살기 위해 질마재에 들어와 삶의 터전을 잡았다. 서광한은 그 후 가족을 놔두고 서울로 올라와 측량학을 공부하다가, 다시 고향에 내려와 고창 군청 측량기수가 되었다. 이때 호남 대지주인 동복 김기중 영감을 알게 되었다. 김기중은 동아일보를 키운 인촌 김성수의 부친으로, 동복이란 명칭은 동복 고을 현감을 지냈다고 해서 붙여진 것이다.

미당이 태어난 질마재는 삼면이 나지막한 산으로 둘러싸여 있고, 한쪽은 바다를 바라볼 수 있는 경관이 수려한 마을이다. 서쪽으로 5킬로미터쯤 저만치 늘어서 있는 이 나라 팔경의 하나인 변산반도와 마을 사이는 한 바다 호수가 되어 있고, 바다는 또 남쪽 두 산맥을 뚫고 4, 5백 미터쯤의 넓이로 띠처럼 10리는 넘어 치솟아 올라가고 있어, 그 바닷물과 민물이 서로 만나는 언저리에 동백꽃으로 유명한 선운사 도립공원이 자리잡고 있다. 마을의 동쪽에는 소요산이 높이 솟아 있는데, 여기서 흘러내리는 돌개울물이 마을 한가운데로 흘러 바다로 늘 쏟아지고 있어 바다에 어느 만큼의 해일이 생기면 바닷가 아랫마을의 어떤 집 마당에는 울타리 사이로 바닷물이 기어 들어와 망둥이와 새우 같은 것이 거기 남아 있기도 한다.

미당은 이 마을 사람들을 세 갈래 유파로 나누어 얘기하고 있다. 첫째는 유자(儒者), 둘째는 자연주의, 셋째는 노래 잘하고 춤 잘 추고, 소고·장고·꽹과리 잘 치는 건달패에 속했던 심미파가 그것이다. 이들의 어울림 속에서 마을은 그 전 전통을 그대로 이어가고 있었다. 미당 역시 이런 세 갈래의 정신 속에서 열 살까지의 유년 시절을 다지고 그 뒤의 소년 시절의 기초를 닦지 않을 수 없었다. 특히 질마재 마을에는 예부터 전해 내려오는 전설들이 많았다. 일례로 이 마을에서 생겨난 〈야백준옥이 권주가에서 순문이 싣고 가는 배〉라는 노래는 을축년이던가 모진 바람에 백순문과 그 세 형제가 칠산바다에서 고기잡이 배를 타고 가다가 큰형 순문이가 고기밥이 되자 남은 삼형제는 배 타는 것을 때려치우고 다른 생활을 하게 되었는데, 그

▲ 미당 생가

지금은 아무도 살고 있지 않는 생가 앞 마당에는 잡초만이 무성히 어우러져 왠지 처연한 느낌을 주고 있다. 미당은 이곳에서 2남 1녀의 장남으로 태어나 만 아홉 살 때까지 유년 시절을 보냈다. 뒤에 높게 솟은 소요산에서 흘러내린 도랑물을 앞에 두고 측백나무들로 둘러싸인 생가는 오랜 세월을 용케도 버텨 왔으나 이제 세월의 무게에 힘겨운 모습이다.

◀ 미당 생가를 보살피는 동생 정태 씨

미당의 생가 옆집에서 홀로 살고 있는 친제(親弟) 서정태가 마당에 진열해 놓은 난에다가 물을 주고 있다. 영원한 자유인이 되고 싶어 1989년에 낙향했다는 그는 김수영·조연현 등과 함께 『예술부락』 동인이었던 시인이며 《전북일보》 주필을 지낸 언론인이었다. 그는 뒷산에 올라 지천으로 널려 있는 야생란과 멀리 펼쳐진 바다를 보며 요산요수의 즐거움 속에서 지내고 있다. 생가를 살피는 일도 그의 주요일과에 속한다. 요즘도 생가에는 한 해에 오륙백 명씩이나 되는 방문객이 찾아든다고 한다.

1. 서정주의 생애

▲ 선운사 경내 전경

백제 27대 위덕왕 24년(577) 검단(黔丹)선사가 신라 진흥왕의 시주를 얻어 개창했다고 전해지는 선운사는 미당이 대여섯 살 때 불교신자인 할머니 손을 잡고 자주 드나들며 잠을 자기도 했던 곳으로 생전에 무척 애정을 가졌었던 절이다.

◀ 未堂詩碑

고향인 전북 고창의 선운사 입구에 세워진 이 시비는 회색빛이 도는 횃불 모양의 자연석에 「선운사 洞口」라는 시 한 편이 새겨져 있다.

들의 애절한 생활 후일담이 노래로 퍼진 것이다. 간통사건에 얽힌 풍습도 있는데 한낮에 뜨거운 간통사건이 일어나면 농악대 남정네들이 사설의 가락을 당사자의 집에서, 다음에는 마을의 공동우물에서도 쏟아 놓고 소가 먹는 여물통을 우물물에 뿌리고 난 다음 잡귀가 오지 못하게 한지(韓紙)를 우물 주위에 쳐 놓는다. 이 의식은 간음자가 생겨난 마을이니 사람들이 정신차릴 때까지는 우물물을 마실 수 없다는 금기에서 비롯된 것이었다. 그러므로 이 금기가 해제될 때까지 마을 사람들은 산과 들을 찾아 딴 곳의 생수를 찾아 마신다. 이렇게 질마재 마을에 실제로 행해지는 풍습이나 이야기로 전해 내려오는 전설 등은 어린 미당의 뇌리에 깊숙이 박혀 훗날 그로 하여금「질마재 신화」를 쓰게끔 만들었다.

(2) 소년 시절

　미당은 아홉 살 때 질마재를 떠나 줄포란 곳에 이사를 가게 되었다. 까닭은 아버지가 농감(農監) 일을 해 온 동복 영감의 일가가 서울로 이사를 하게 되어 그 대갓집의 문지기로 들어가게 된 것이다. 동복 영감집은 이름난 대갓집이라 안채까지 들어가려면 대문·중문 등 여러 문을 거쳐야 하고, 방 칸 수만 해도 예순 칸이나 되는 대가고루였다고 한다. 그는 이곳에서 줄포공립보통학교에 입학하여 6년 과정을 5년에 수료했다. 그는 곧 1929년에 그 아버지의 소원대로 인촌 김성수 선생이 설립한 계동의 중앙고등보통학교에 입학하게 된다. 이때는 사회주의·공산주의 사상이 이 나라의 젊은이들 사이에서도 많이 유행하던 때여서 이 학교 상당수의 학생들이 거기 휘말려 있었고, 미당 역시 참가했다. 그의 참가는 이념적인 신조에 따른 것이기보다 가난하고 불행한 이 나라 많은 민중들의 처참한 꼴을 보고 여기 동정하는 인도주의적인 소년의 감정으로 인한 것이었고, 그의 생각으로는 마르크스나 레닌의 경제적 균배 주장이 좋은 해결책으로 보였던 것이다. 그래서 미당은 아버지가 사주신 좋은 가죽구두를 벗어 내던져 버리고, 가난한 노동자들이 신고 다니는 '지까다비'라는 것을 사서 신었으며, 하숙집도 학교 근처 계동의 좋은 집을 떠나 아현동 마루턱의 빈민굴로 옮겨 살았다. 이로 인해 염병(장티푸스)에 걸리기도 한다.

그는 1930년 11월 광주학생사건 때 4인의 주모자 중의 하나가 되어 학교를 퇴학당했으며, 이듬해 봄에 고향인 고창에 있는 고등보통학교에 편입학해서도 역시 주모자가 되어 자퇴를 해야 했다. 물질적 균배에 대한 생각이 바뀐 것은 톨스토이의 책을 읽은 후였다. "물질적 균배로서 인생의 행복을 두루 좌우하다니 그 무슨 엉터리 소리냐"는 구절을 읽고 넓다면 한정 없이 넓고, 깊다면 또 한정 없이 깊은 인생의 실제의 운영 속에서 경제적인 균배만으로 그 해결책을 삼는 사회주의의 좁은 철학에 회의가 들었던 것이다.

그가 만 18세 때쯤 영향을 받은 인물은 니체와 보들레르였다. 니체의 『짜라투스트라는 이렇게 말했다』의 일역본은 그에게 매력적인 것이었으며, 니체의 초인(超人) 사상은 고답적인

▶ 1932년 고창고보 시절 친구들과 함께(뒷줄 왼쪽) 현재 전해지는 미당 사진 중에서 가장 어린 시절의 것이다.

◀ 1935년 중앙불교전문학교 재학 시절

1938년 3월 27일 정읍 처가에서의 결혼식

▶ 1941년 처녀 시집 『화사집』
출간 무렵(오른쪽)

▼ 1941년 동대문여학교 교사 시절 개성 수학여행 중 동료 교사들과 함께(맨 왼쪽)

1. 서정주의 생애

면에서 호감이 가서 받아들였다. 보들레르의 『악의 꽃』도 일역본으로 접했는데 그가 보들레르를 이해한 것은 사회의 밑바닥의 어떤 비참한 참상 속에도 가장 가까운 친구로서 동참해야만 하는 시인의 참여의식을 보들레르가 시를 통해 보여주었기 때문이었다. 그것은 당시 비참한 우리 민족의 뼈 속까지도 울릴 수 있는 것이라고 미당은 생각했다. 그는 보들레르뿐만 아니라 보들레르 이후의 프랑스 상징주의 시의 영향도 받았으며, 그의 이러한 공부에 지침이 되었던 책은 호리구찌 다이가꾸(堀口大學)의 방대한 역시집 『월하(月下)의 일군(一群)』이었다. 또한 고호의 여름을 소재로 한 그림이나 고갱의 원시적 그림도 좋아하여 그의 시집 『화사집』에는 그 영향의 일단을 담기도 했다.

(3) 일제시대와 친일 행위

서정주가 두 번째 시집 『귀촉도』를 낸 것은 해방 뒤 3년 후인 1948년이다. 그는 이 시집에 일제 말기에 쓴 시들과 해방 뒤에 쓴 시들을 함께 수록했다. 일제 말기의 국내외의 정세는 1942년 일본에 군 쿠데타가 일어나서 도조 히데끼(東條英機)라는 일개의 육군 중장이 일본의 정권을 장악하고 과격 독재 체제를 수립했다. 자연히 조선에 대한 식민지 정책도 강화되어 우리말 잡지의 발간을 일체 금지하고, 일본말을 쓸 것을 강요하였으며, 창씨개명을 실시하였다. 조선의 모든 젊은이들은 일본에 충성을 다하는 일본 군인으로서 병역 의무를 지키라고 했고, 그에 따라 병역 연령을 넘어선 청장년들은 전쟁터나 군수업체의 일꾼으로 징용 명령이 떨어졌다. 뿐만 아니라 젊은 처녀들은 전쟁에 참가하고 있는 군인들을 위안한다는 명목으로 위안부로 끌려갔다. 이러한 시국을 맞아 그 역시 인생관이 변해 "거북이처럼 끈질기고 유유하게 이 난세의 물결을 헤치고 살아가야 한다"는 생각을 갖게 되었다. 시대 상황에 따른 체념 속의 달관의 자세는 이조 백자에 대한 애정을 품게 하였으며, 노자나 장자 등의 동양사상에도 경도하게끔 만들었다. 동양사상의 회귀는 1945년 해방 뒤에도 한동안 그의 인생관과 시정신을 지배하였으니, 1947년에 쓴 그의 대표작인 「국화 옆에서」는 그의 이러한 시정신의 일단을 잘 보여준다. 그러나 아쉬운 것은 그가 징용에 끌려가지 않기 위해 조선총독부의 지시에 따라 친일시를 썼다는 것이다. 그는 1942년 7월 평론「시의 이야기」를 다츠시로 시즈오(達城靜雄)라는 창씨명으로 ≪매일신보≫에 발표하면서 친일작품을 쓰게 되었다. 특히 친일어용문학지인 『국민문학』과 『국민시가』의 편집 일을 맡게 되면서 본격적으로 친일작품을 양산하였는데, 그가 쓴 친일작품은 시뿐만 아니라 평론·수필·단편소설·르포 등 11편에 이른다. 이들의 주 내용은 태평양전쟁을 일본인의 표현대로 성전(聖戰)으로 미화하면서 학병지원을 권유하거나 징병의 정당화 내지는 신성화를 노골적으로 드러내는 것으로 일제의 군국주의 파시즘의 정책에 동조해야 한다는 당위성을 강조한 것이다. 그의 이러한 행위는 군사독재 시절 친독재적 입장 표명과 함께 그의 생애에 커다란 오점이 되었다.

(4) 해방 이후의 활동

　해방은 우리 민족 전체를 들뜨게 하였다. 문단도 예외는 아니어서 민족진영의 문인들은 조연현의 '예술부락', 곽하신의 '여성문화', 곽종원의 '생활문화' 등의 잡지사에 모였다. 해방 직후 '조선문화건설중앙협의회'가 생기고, 그 아래 임화·이원조·김남천 등이 주도하는 '조선문학건설본부'가 있었다. 9월 18일에는 박종화, 김진섭, 김광섭, 유치진, 이하윤, 양주동 등이 모여 '중앙문화협회'를 결성하였다. 이리하여 문화계도 좌우로 갈라지고, 10월에 '문학가동맹'이 생겼으며 '문건'(조선문화건설중앙협의회)에 대항하여 1946년 3월 중앙문화협회 멤버들이 중심이 되어 '전조선문필가협회'를 결성했다. 미당은 그 단체에서 시분과위원회 위원장직을 맡았다. 그러나 당시의 외적 상황에 들뜨고만 있을 수 없었다. 그리하여 1945년 겨울부터 다시 시작에 손을 대기 시작했고, 1946년 여름부터는 자연과 인생에 대한 새로운 느낌이 열리기 시작했다. 「푸르른 날」 「골목」 「밀어」 「국화 옆에서」 등의 뛰어난 작품들이 이 시기에 쓰여졌다. 해방 직후 그가 먹고살기 위해 전기를 의뢰받아 쓴 일도 빼놓을 수 없다. 그는 김두환의 아버지 김좌진 장군의 전기를 당시 민주청년동맹 위원장인 김두환의 부탁으로 썼으며, 초대 대통령인 이승만 박사의 전기도 민중일보 사장이었던 윤보선 씨의 부탁으로 썼다. 이승만 대통령의 전기는 이 박사댁 어른들의 이름 밑에 경칭을 붙이지 않았다는 이유로 발매 금지가 되고 서점에 진열된 책들은 압수되었다. 1948년에는 인촌 김성수 집안과의 인연으로 동아일보 사회부장 자리를 맡았으며, 1948년 8월 15일 대한민국 정부가 새로 생겨 3급 갑을류의 시험에 응시하여 합격해서 문교부 초대 예술과장의 보직을 받기도 했다. 1949년 12월 9일 기왕에 결성된 '전국문필가협회'의 문학부 회원들과 '한국청년문학가협회'의 자유 진영 문단인이 주체가 되어 '한국문학가협회'가 결성되었으며, 이 단체에서도 그는 역시 시분과위원장직을 맡았다.

  1950년 한국전쟁 때 문총구국대가 급조되었다. 미당은 여기에서 서리 실무책임을 맡았다. 대원들은 대한일보의 편집 발행일을 비롯해서 지프차를 타고 시민 선두의 가두 스피커 방송, 벽보 붙이기, 라디오 방송 등의 일을 맡아 동분서주했다. 미당은 구상 시인과 더불어 일선부대에 나가 진중(陣中) 신문을 편집했고, 마을들을 찾아 시 낭송이나 연설을 했다. 이 무렵 그는 실어증(失語症)에 빠져 병원으로 옮겨져 환각 상태에 빠져 있다가 부산으로 후송되어 청마 유치환 집에서 한 달 동안 식객 노릇을 했다. 1·4후퇴 때 그는 전주로 내려가서 전주고등학교 국어 교사 노릇을 했다. 호구지책의 일환이었지만 그의 머리 속에는 우리 민족이 언제 한 번 영화를 누려 살았던가라는 생각을 하게 되었고, 그 시절이 신라라고 깨달은 그는 '신라'에 골몰했다. 그래서 전주에서의 1년과 1952년 봄부터 1953년 9월까지 광주 조선대학교 교수로 있던 약 2년 반 동안 신라와 삼국사 관계의 역사책을 읽고 지냈으며, 특히 『삼국유사』 『삼국사기』 『삼국수이전』 『삼국사절요』 속에 담긴 신라의 생활정신에 관심을 가졌다. 그의 이러한 태도가 시로 응집되어 나

1950년 4월 공덕동 자택에서 장남 승해와 함께

1953년 광주 조선대학 교수 시절(가운데)

타난 것이 1960년에 펴낸 『신라초』이다. 1968년의 시집 『동천』 역시 이 신라정신이 밑바탕이 되었다. 그가 파악하기에 신라의 풍류정신 속에는 유·불·선 세 종교의 중요한 정신이 두루 포함되었으니, 어려운 시대를 살아오면서 민족의 정통성을 추구하고자 했던 그에게는 이만큼 그를 격려하고 고무하던 것도 없었던 것이다.

그의 피난생활은 1953년 9월 휴전협정과 더불어 종지부를 찍었고, 그는 곧 서울의 폐허로 돌아왔다. 그때 마침 남산에 서라벌예술대학이 생겨 그는 시문학 교수가 되었다. 1954년에는 한국의 아카데미인 대한민국 예술원 회원 선거가 있었다. 학문과 예술의 자유를 보장하고 예술가의 지위를 향상시킴으로써 민족문화의 창조 발전에 공헌함을 목적으로 하는 문화보호법에 의거하여 설치된 것인데, 25명의 회원이 선출되었고 문학분과는 7명이었다. 미당은 염상섭, 박종화, 김동리 등과 더불어 이에 속했다.

1960년 가을 그는 모교인 동국대학 국문과 강사가 되었고, 이 무렵 펴낸 제3시집 『서정주시선』으로 미국의 아세아재단에서 주는 '자유문학상'을 수상했다. 1963년 봄부터 강원도 춘천에 있는 성심여자대학 국어 강사로 나가, 매주 수요일 낮동안은 거기서 지냈다. 이러한 생활은 1968년까지 이어졌는데 서울과 춘천의 왕복 속에서 그가 차창을 통해 얻은 산천과의 교감이나 시상 등은 그의 시에 커다란 영향을 주었다. 1965년 한국문인협회 부이사장에 취임했고, 1966년 대한민국 예술원상을 수상했다. 1970년에는 한국현대시인협회가 창립되었는데, 미당

1961년 『신라초』
출판 기념회에서
(왼쪽부터 화가
김환기, 김광균,
서정주, 최정희,
김동리)

1961년 5·16문예상 본상 수상식을 마치고
(아래 왼쪽부터 최정희, 김동리, 서정주, 그의 부인, 막내 윤과
뒤 오른쪽부터 두 번째 장남 승해, 며느리 은자)

1. 서정주의 생애

◀
1962년 광화문 거리에서
장남 승해와 함께

1962년 12월 법주사에서 미당 서정주 시의 첫 역자인
Melicent Huneycutt 박사와 함께(가운데)

40대의 어느 봄날, 공덕동 자택 뜰의 목단 옆에서

1967년 12월 공덕동 자택에서 부인과의 한때

▶ 1975년 5월 18일 회갑축연에서 부인과 함께

▼ 1975년 5월 18일 서울신문회관 개최 회갑기념시화전 개막식에서
(왼쪽부터 모윤숙, 김기창, 서정주, 박종화)

1975년 회갑기념 시화전 전시장에서 김기창 화백과 함께

1. 서정주의 생애

은 여기에서 초대회장에 피선되었다. 1977년 문협 이사장에 취임했고, 1978년 동국대학 문리과대학장이 되었으며, 1979년 동국대학 교수직을 정년퇴임하였다.

(5) 세계 유랑 및 사망

서정주가 한국 밖으로 눈을 돌려 세계일주를 떠난 것은 62세 되던 1977년 11월의 일이었다. 1년 예정의 여행의 모험은 물론 시의 감동적 체험을 많이 겪어 보자는 것이었다. 그러나 1978년 9월까지 약 10개월에 걸친 그의 세계 방랑은 값진 시적 체험보다는 환멸이 더 많았다. 복잡한 과학 문명도 그렇거니와 환락과 매음의 번창은 그의 기대와는 너무 거리가 있었다. 커다란 실망 속에서도 그나마 위안을 준 것은 서양의 젊은 여자들의 활짝 핀 얼굴에서 나오는 발랄한 웃음과 소리였다. 이것이 너무 좋아 보여서 멕시코 여행 때에는 독한 '사보댕' 술을 너무 많이 마셔 피를 토해 죽을 고비를 넘기기도 했다. 그의 세계 방랑의 경험은 『서으로 가는 달처럼』이란 시집과, 『미당 세계 방랑기』속에 담겨 있다.

여행에서 돌아오고 나서 그는 서양에 대한 환멸감 끝에 민족에 대한 자긍심이 생기면서 "우리나라 역사 공부를 좀더 자세히 하면서 그 좋은 점들을 골라 그것을 시로 써 보자"는 마음이 생겼다. 그래서 3년간 골몰해 시를 썼고, 이를 정리한 것이 1982년에 나온 『학이 울고 간 날들의 시』란 시집이다. 먼

1977년 1월 한국문인협회 이사장 취임식장에서

▶ 1977년 세계일주
여행을 떠나며

1. 서정주의 생애

◀ 1979년 동국대학교 문리대 학장 시절 교내 부처님상 앞에서

▼ 1978년 4월 프랑스 보들레르 시비 앞에서

1979년 5월 고향 고창 선운사 동구 앞에 세워진 시비 앞에서
(가운데가 미당 서정주 내외)

◀
1982년 11월 일본 동경
교포 음식점에서 우연히
만난 시인 박재삼과
함께(왼쪽)

1. 서정주의 생애

단군 때로부터 삼국시대와 통일신라시대를 거쳐 고려 초기에 면면히 내려왔던 정신이 빚어낸 이야기들, 고려나 조선시대 때의 남녀들이 보여주었던 의리와 인정, 사람다운 모습, 그런 이야기들의 모음이 바로 이 시집의 내용이다.

1차 세계 방랑을 마치고 돌아온 미당은 1984년 3월 2차 여행길에 올랐다. 프랑스 정부가 비용을 부담했고, 그는 부인과 함께 시인의 자격으로 초청된 것이다. 그는 파리의 루브르 박물관, 프랑스 시인들과 르와르 강가의 옛 귀족들의 성들을 구경하며 돌아다녔다. 독일의 라인 강을 비롯하여 유럽의 명승지와 미국 동부 및 캐나다의 나이아가라 폭포, 남대서양의 여러 나라와 남태평양 섬을 순례한 것도 이때다.

1989년 미국 노스캐롤라이나 랄리 시에 있는 큰아들 승해 집에서

2000년 10월 한평생을 뒷바라지하던 부인 방옥숙 여사가 별세했다. 미당은 슬픔에 잠겨 부인을 잃고 나서 곡기를 끊고 맥주로 거의 연명하다시피 했다. 그러다가 두 달 남짓 후인 2000년 12월 24일 서울 강남 삼성병원에서 별세했다. 향년 85세였다. 유해는 전북 고창군 부안면 선운리 선영에 묻혔다.

향년 85세로 타계한 미당의 빈소

2001년 11월 3일 개관식을 가진 미당 시문학관 전경(고창군 부안면 선운리 진마 소재)

1. 서정주의 생애

2 서정주의 시세계

(1) 『화사집』

서정주의 첫 시집 『화사집』이 나온 것은 1941년의 일이다. 50페이지 분량으로 130부를 찍었는데, 특제본은 그때 돈으로 5원, 보제본은 3원으로 상당한 고가의 책이었다. 이 시집이 나올 수 있었던 것은 『시인부락』의 동인이자 당시 남대문 약국의 주인이었던 김상원이 500원을 내놓은 덕분이었다. 그는 『화사집』의 발문을 쓰기도 했다. 출판기념회는 일류 요정이었던 명월관에서 열렸는데, 참석자는 회비로 10원씩을 냈다. 김기림, 임화, 오장환, 김광균, 김상원 등이 와서 축하하고 격려해 주었다.

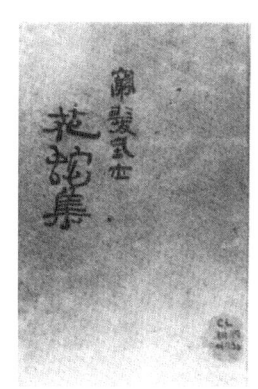

1941년에 출간된 『화사집』

그가 중심이 되어 1936년 11월에 창간한 『시인부락』을 회고하는 데에서도 밝혔듯이 『화사집』을 낼 당시 그의 관심사는 생명의 탐구와 이것의 집중적인 표현에 있었다. 이 같은 주제 구현의 배경에는 그 이전 한국 시단이 언어의 조탁에 치중하거나 이념적인 경향에 기울어진 것을 타파하려는 의도가 다분히 포함되어 있었고, 점점 궁핍화되어 인간의 삶의 조건이 열악해져만 가는 현실 속에서 생명에 대한 인식과 인생을 직시하고자 하는 태도가 있었다. 미당은 이에 대해 다음과 같이 말하고 있다.

'인간성' —— 그것은 늘 우리들의 뇌리와 심중에서 떠날 수 없는 것이었다. 오장환의 저 모든 육성의 통곡이나 부족한 대로 필자의 高熱한 생명 상태의 표백 등은 모두 상실되어 가는 인간 원형을 돌이키려는 의욕에서였던 것이다.
회고컨대 이것은 정지용류의 감각적 기교와 경향파의 이데올로기의 —— 어느 쪽에도 안착할 수 없는 심정의 필연한 발현이었던 듯이 기억된다. 하여간 우리가 잠복한 세계는 언어 기교도 아니요, 자연도 아니요, 외래사조도 아니요 다만 '사람' 그것 속이었다.[1]

이러한 미당의 인식은 그뿐만 아니라 『시인부락』 동인들의 정신 지향의 공분모였다. 그들의 정신 지향은 여러 갈래였지만 '사람의 기본 자격'을 주로 생각한 점에서는 일치를 보였던 것이다. 그렇다면 '사람의 기본 자격'이란 무엇을 지칭하는 것일까? 한마디로 사람으로서 원초적으로 지니게 된 본능이라고 할

---

1) 서정주, 『현대조선시약사』(현대조선 명시선 소재), p. 266.

수 있다. 이에 대한 짙은 향수, 이를 박탈당하는 데에서 오는 울부짖음과 몸부림, 이를 향한 벅찬 질주, 이런 것들이 숙명처럼 그들에겐 느껴졌다. 『화사집』에 실린 시들 중에서도 이를 잘 나타내는 작품이 책 제목으로 삼은 「화사」이다. 이 작품이 원래 실린 곳은 『시인부락』 제2호(1936년 12월)로, 그 말미에 시를 지은 때를 "소화 11년(1936년) 6월"이라 밝혀 놓고 있다.

  麝香 薄荷의 뒤안길이다.
  아름다운 배암…
  얼마나 커다란 슬픔으로 태어났기에
  저리도 징그러운 몸뚱아리냐.

  꽃대님 같다.

  너의 할아버지가 이브를 꼬여내든 達辯의 혓바닥이
  소리 잃은 채 낼룸거리는 붉은 아가리로
  푸른 하늘이다.…물어 뜯어라. 원통히 물어 뜯어,

  달아나거라 저 놈의 대가리!

  돌팔매를 쏘면서, 쏘면서, 麝香芳草ㅅ길 저 놈의 뒤를 따르는 것은
  우리 할아버지의 아내가 이브라서 그러는 게 아니라
  石油 먹은 듯…石油 먹은 듯…가쁜 숨결이야

  바늘에 꼬여 두를까부다. 꽃대님보담도 아름다운 빛…

  크레오파트라의 피 먹은 양 붉게 타오르는

고은 입설이다…스며라! 배암.

우리 순네는 스물난 색시, 고양이같이 고은 입설…스며라! 배암.

충격적인 어휘의 사용, 관능적이고 대담한 이미지의 구사 등으로 커다란 반응을 불러일으켰던 이 작품은 모더니즘이 풍미하던 30년대 시단에 육성의 절규와 생명의 추구라는 새로운 영역을 개척함으로써 소위 '생명파'라는 유파를 형성시키는 계기를 마련하였다. 이 시의 모티브는 구약성서 창세기에 나오는 아담과 이브, 선악과를 따먹게 해 그들로 하여금 원죄를 짓게끔 만든 뱀의 이야기이다. 뱀은 그들을 유혹한 죄로 벌을 받아 징그러운 몸뚱이를 지니고 태어나 일생을 땅을 기어다니게 되었다. 대지성의 존재가 된 것이다. 그러므로 하늘이란 뱀에게 있어 저주의 대상이다. 하지만 뱀이 징그럽기만 한 존재는 아니다. 특히 화사, 즉 꽃뱀은 꽃대님보다도 아름다운 빛을 지녀 바늘에 꾀여 두르고 싶은 충동을 느끼게끔까지 한다. 이 모순성 내지 양면성의 문제는 다음과 같이 얘기된다.

꽃뱀은 의미상 꽃(花)과 뱀(蛇)의 복합으로 이루어져 있다. 그것은 뱀이 단순히 징그러움이나 추악의 표상이라는 표면적 의미 영역을 벗어남을 암시한다. 가장 아름다운 것의 표상인 〈꽃〉과 가장 추하고 징그러운 것의 대명사인 〈뱀〉의 결합은 그것이 〈花蛇〉라는 구체적인 오브제를 떠나서도 여러 가지 상징성을 내포하고 있기 때문이다. 무엇보다도 그것은 모순성 또는 양면성의 문제와 관련된다. 표면적으로는 꽃처럼 아름다운 색깔과 무늬를 지니고 있으면서도 속성적으로는 징그럽고 꿈틀거리는 모습을 지니고 있는 꽃뱀은 운명적인 아이러니의 존재가 아닐 수 없다. 그것은 어쩌면 선과 악, 미와 추, 진실과 허위의 양면으로 이루어진 인간의 모습일 수도 있으며, 아니면 정신과 육체, 이상과 현실, 이성과 감성 등 모순으로 가득찬 인생사의 반영일 수도 있을 것이다. 이 점에서 〈꽃뱀〉이란 제목이 예사로운 것이 아님을 알 수 있다.2)

말하자면 뱀은 저주와 유혹이 교차되는 감정을 지니게 하는 그런 동물이다. 그러므로 "돌팔매를 쏘면서" 저주를 하다가도 유혹적인 아름다움 앞에서는 "석유 먹은 듯 가쁜 숨결"이 되기도 하는 것이다. 이 시의 묘미는 뱀이 '순네'로 전환되는데 있다. 순네는 화자의 젊은 날 기억의 강한 부분을 차지하는 존재이다. 아마도 그녀는 관능적인 존재였을 것이다. 그녀의 고양이 같은 고운 입술은 뱀의 고운 입술과 동일시된다. 그렇다면 미당의 이 시에서 보이는 시적 발상법의 근원은 어디인가? 그가 사숙했던 보들레르와 니체에게서 가져왔을 공산이 크다. 그들의 상징주의 내지 실존주의적 인식에 영향을 입은 것이다. 미당은 보들레르에 심취되어 있었고, 보들레르의 타락과 매음을 작가의 '밑바닥 참가'라고 하며 이해했다. 그러나 정작 서정주의 고백을 들어보면 이 작품의 제작 자체는 꼭 그런 것과 직접적인 관련이 있었던 것은 아닌 것 같다.

이것을 쓸 때는 내가 해인사 영당이란 암자에 있던 여름의 어떤 밤이었는데 조그만 박쥐 새끼 한 마리가 열어 놓은 창틈으로 날아 들어와 방안을 퍼덕거리며 수선을 떠는 것을 잡아서 내 양

---

2) 김재홍, 『한국현대시인연구』(일지사, 1986), p. 319.

말갑기용 큰 바늘로 벽에 꽂아 놓고 나서, 이 여름 구상해 오던 이것을 술술 써냈다. 육체를 중요시하는 자의 감각은 고대 그리스나 로마인들이 흔히 했던 것처럼 일종의 잔인을 자초하는 것인 모양이지.3)

아마도 박쥐가 살려고 발버둥치는 데에서 그는 생명성의 고귀함을 느꼈는지 모른다. 박쥐 역시 뱀과 마찬가지로 신으로부터 축복을 받은 대상은 아니다. 천장 같은 곳에 거꾸로 매달려 잠을 자야 하고, 어두운 동굴 속에서 살아야만 하며, 밤에만 활동을 할 수 있다. 그러한 저주받은 대상이 막상 바늘로 꽂아 놓으니 살려고 발버둥치니 어찌 생명의 탐구라는 것이 떠오르지 않을 것인가. 다음의 시도 「화사」와 같은 범주에서 논할 수 있다.

    따서 먹으면 자는 듯이 죽는다는
    붉은 꽃밭새이 길이 있어

    햇슈 먹은 듯 취해 나자빠진
    능구렝이 같은 등어릿길로,
    님은 다라나며 나를 부르고…

    강한 향기로 흐르는 코피
    두손을 받으며 나는 쫓느니

---

3) 「천지유정」에서.
   조연현 외, 『서정주 연구』 중판(동화출판공사, 1980), p. 180 재인용.

밤처럼 고요한 끌른 대낮에
우리 둘이는 웬몸이 달어…

―「대낮」 전문

 따서 먹으면 자는 듯이 죽는다는 것은 따서 먹으면 안 된다는 금기 사항의 제시다. 그것은 선악과에 대한 금기 사항과 같다. 그러나 꽃밭이 붉다는 것, 그 사이에 난 길이 능구렝이 같은 등어릿길이라는 것은 이미 화자가 유혹에 넘어가기 쉬운 정황이다. 이 정황 속에서 님은 달아나며 나를 부른다. 나는 님을 좇을 수밖에 없다. 설사 코피가 날 만큼 내가 위험에 처할지라도 나는 두 손으로 코피를 받으며 님의 유혹에 넘어갈 수밖에 없다. 능구렝이만이 핫슈(아편) 먹은 듯 취해 나자빠진 것이 아니라 나 역시 마찬가지다. 그래서 님과 결합된 우리 둘은 대낮의 열기만큼이나 온몸이 단다. 「화사」보다도 직정적이고, 육감적인 표현의 시이다. 이러한 육정적 호흡은 비단 위의 두 시만이 아니라 「맥하」 「입맞춤」 「가시내」 「정오의 언덕에서」 등 『화사집』에 수록된 여러 편의 시에서 발견할 수 있다. 그것은 미당이 초기에 관능적인 미학을 추구하였음을 말해 준다. 그리고 이러한 시를 쓰게 된 동기는 보들레르에게 있었다. 20대의 열혈 청년 미당에게 자신의 육신을 내던지며 정신의 몸부림을 치는 보들레르는 질타의 대상이 아니라 숭배의 대상이었던 것이다. 시에 사용하는 언어 자체도 화사한 수식의 언어보다는 직정적인 언어를 택했다. 그 스스로 정지용류의 화사한 수식보다는 이상류의 직정(直情) 언어를 더 소중하게 시적 수사의 방

법으로 채택했다고 술회하고 있다.4)

　『화사집』에 수록된 시 중 대표시로 손꼽히며, 평자들 사이에 많이 언급된 시로 「자화상」이 있다. 이 시는 제목 자체로 판단하면 자신에 대한 진술이라고 보겠는데, 실제 미당 자신은 "아니야, 그건 상징적인 작품일 뿐이지. 이 「자화상」은 내가 스물세 살 때에 쓴 것인데, 우리네 농촌 산골에서 흔히 볼 수 있는 옛 조선 사람들의 자화상이야"5)라고 말하고 있다.

　　　애비는 종이었다. 밤이 기퍼도 오지 않었다.
　　　파뿌리같이 늙은 할머니와 대추꽃이 한주 서 있을 뿐이었다.
　　　어매는 달을 두고 풋살구가 꼭 하나만 먹고 싶다 하였으나…
　　　흙으로 바람벽한 호롱불 밑에
　　　손톱이 깜한 에미의 아들.
　　　甲午年이라든가 바다에 나가서는 도라오지 않는다하는 외할아버지의
　　　숯많은 머리털과
　　　그 크다란 눈이 나는 닮었다 한다.
　　　스믈세햇동안 나를 키운 건 八割이 바람이다.
　　　세상은 가도가도 부끄럽기만하드라
　　　어떤이는 내눈에서 罪人을 읽고가고
　　　어떤이는 내입에서 天痴를 읽고가나
　　　나는 아무것도 뉘우치진 않을란다.

　　　찰란히 티워오는 어느 아침에도
　　　이마우에 언친 詩의 이슬에는
　　　몇방울의 피가 언제나 서꺼있어

---

4) 『서정주문학전집』, p. 257 참조.
5) 「시인 시정신」, 《서울신문》(1976. 1. 29).

볓이거나 그늘이거나 혓바닥 느러트린
병든 숫개만양 헐덕어리며 나는 왔다.

—「자화상」 전문

　미당의 부친이 인촌 김성수댁의 농감을 한 적이 있기 때문에 "애비는 종이었다"로 시작되는 서두를 읽고 이 시가 바로 미당 자신의 얘기라고 판단하기 쉬우나, 시를 섣불리 시인과 관련지어 받아들이게 되면 시에 대한 올바른 해석이 불가능하게 된다. 설사 분명 시인의 자전적인 얘기라고 판단이 된다 하더라도 시인과 시적 화자를 동일시할 수는 없는 것이다. 그런 의미에서 이 시는 일차적으로 미당과 분리하여 받아들일 필요가 있다. 그러나 미당의 이력 사항에 의거해 살펴볼 때 미당의 과거와 일치되는 면도 많다. 예를 들어 "갑오년이라든가 바다에 나가서는 도라오지 않는다하는 외할아버지"는 실제로 미당의 외할아버지가 어부로서 바다에 나가 영영 불귀의 객이 되었다 하는 미당의 자술과 일치하고 있으며, "스물세햇동안 나를 키운 건 八割이 바람이다"라는 것도 그가 이 시를 스물세 살 때 썼으며, 정신적으로나 육체적으로 방황을 해 온 사실을 감안할 때 그 자신의 얘기로 볼 수 있는 것이다.
　이 시가 지니는 덕목은 솔직성에 있다. 독자들은 "애비는 종이었다"라는 서두로부터 강한 인상과 더불어 앞으로 전개될 내용에 대해 호기심을 갖게 된다. 뒷부분은 종의 자식으로서 겪어야 하는 집안의 가난과, "팔할이 바람"이라고 할 정도의 삶의 역경, 죄인과 천치로 취급되는 잘못된 사회적 인식, 운명에 대한 체념 끝에 오는 의연함, 병든 수캐처럼 헐떡거리며 살 수밖에 없는 어려운 현실이 리얼리티를 지니며 제시된다. 조연현은 이런 몸부림과 방황, 갈등은 그 자체가 우리 문학사에서 미증유의 것이라고 지적했다.6) 이 시에서 우리가 발견하는 것은 처절한 자아 천착이다. 이것은 일찍이 한국시가 갖지 못한 풍경 내지 국면을 타개한 것이었다.

『화사집』의 시세계는 관능적이고, 본능적인 이미지가 주류를 이루고 있지만, 그러나 초기의 그러한 특징들은 치열한 정신적 방황의 모습으로 뒤바뀐다. 「바다」나 「부활」이 그 대표적인 시들이다. 이런 변화의 양상은 보들레르적 방황이나 육정적 방황에 대한 회의로부터 비롯된 것이라 할 수 있으며, 본능과 도덕과의 갈등, 혹은 내면적 자아와 현실적 자아 사이의 끊임없는 물음과 충돌에서 비롯된 것이라고 말할 수 있다.7)

    내 너를 찾아왔다…叟娥. 너 참 내 앞에 많이 있구나. 내가 혼자서 鍾路를 걸어가면,
    사방에서 네가 웃고 오는구나. 새벽 닭이 울때마닥 보고 싶었다. 내 부르는 소리 귓가에
    들리드냐. 叟娥, 이것이 몇萬 時間 만이냐. 그 날 꽃상여 山넘어서 간 다음 내 눈동자
    속에는 빈 하늘만 남더니, 매만져 볼 머리카락 하나 머리카락 하나 없드니, 비만 자꾸

---

6) 조연현, 「원죄의 형벌」, 『한국현대작가론』(문예사, 1953), p. 10.
7) 송하선, 『미당 서정주 연구』(선일문화사, 1991), p. 36.

오고…燭불 밖에 부엉이 우는 돌 門을 열고 가면 江물은 또 몇 천 린지, 한 번 가선
 소식 없던 그 어려운 住所에서 너 무슨 무지개로 내려왔느냐. 鍾路 네거리에 뿌우여니
 흩어져서, 뭐라고 조잘대며 햇볕에 오는 애들 그 중에도 열 아홉 살쯤 스무 살쯤 되는
 애들. 그들의 눈망울 속에, 핏대에, 가슴 속에 들어앉아 臾娜! 臾娜! 臾娜! 너 인제
 모두다 내 앞에 오는구나.

—「부활」전문

수나(臾娜)란 어떤 인물인가? 시 전체의 내용으로 짐작건대 시적 화자가 젊을 때 잃어버린 여인으로 볼 수 있다. 그녀는 죽어서 꽃상여에 실려 산 넘어 갔다. 그때 내 눈동자 속에는 빈 하늘만 남았고, 매만져 볼 머리카락 하나 없었다. 그 후 소식이 전혀 없던 그녀가 몇 천리인지 모를 먼 곳에서, 몇 만 시간인지도 모를 엄청난 시간이 지난 뒤 무지개로 내려왔다. 물론 실제로 내려온 것이 아니라 시적 화자의 눈엔 종로 네거리에서 조잘대며 걸어오는 열아홉이나 스무 살쯤 되는 처녀들이 모두 예전에 잃어버린 수나처럼 보이는 것이다. 너무도 지극히 사랑했고, 그리워했기 때문이다. 우리는 '종로 네거리에 부활한 수나'를 통해 미당의 윤회사상의 전조(前兆)를 예감한다. 다시 말해 이 작품은 그가 작품의 변모를 보이기 시작했던 매우 중요한 의미를 띠고 있는 작품이요, 이러한 변화의 전조는 훗날 「춘향유문」이나 「국화 옆에서」 등으로 변용되어 나타난다.

▲ 1991년 동숭아트센터에서 있었던 『화사집』 출간 50주년 기념식에서(오른쪽부터 문정희, 부인, 윤정희, 미당, 김성우)

◀

미당의 흉상
시집 『화사집』 출간 50주년 축하모임에서 조각가 박재소가 선물한 것이다.

(2) 『귀촉도』

서정주의 제2시집 『귀촉도』가 나온 것은 1948년의 일이다. 이 시집에 실린 시들은 미당이 일정 말기에 쓴 시들과 해방 뒤에 쓴 시들을 함께 수록하여 첫 시집 『화사집』과 같은 계열의 시도 있고, 그렇지 않은 시들도 있다. 예를 들어 「행진곡」같은 시는 전자에 속하고, 「거북이에게」같은 시는 후자에 속한다.

1948년 출간된 『귀촉도』

그는 일제 말기에 격동하는 일련의 사건들을 겪으면서 이 난세의 물결을 거북이처럼 끈질기고 유유하게 헤쳐 나가야 한다고 생각했다. 그가 이조 백자에 관심을 기울이고, 노자나 장자 등 동양사상을 중요한 마음의 양식으로 삼음은 인생관의 변화에 따른 것이다. 시집의 제목이 되기도 하는 「귀촉도」는 그의 이러한 경향을 잘 보여주는 작품이다. 그러나 이 작품도 시인의 말에 따르면 1936년에 쓰여졌다.

내 불교 전문학교 동창인 최금동 군이 「애련송」이라는 시나리오를 쓰면서 거기에 넣을 시 한 편을 써 달라기에 써 주었던 것이 「귀촉도」이고 최 군의 그 작품이 동아일보 시나리오 공모에 당선한 해가 1936년이니까 내 작품 연대도 자연히 판명되는 게 아니겠어요.8)

---

8) 「미당과의 대화」, 『문학사상』 3호(1972. 12), p. 252.

그러나 분명 이 작품은 「화사」「대낮」「맥하」 등과는 그 경향을 달리한다. 또 설사 시인의 말대로 그때 썼다 하더라도 이 작품이 1943년 『춘추』지에 발표되었고, 그가 이 작품을 제2시집 『귀촉도』에 포함시켰기 때문에 『화사집』의 경향과는 구별지어 볼 필요가 있다.

    눈물 아롱 아롱
    피리 불고 가신 님의 밟으신 길은
    진달래 꽃비 오는 西域 三萬里.
    흰옷깃 염여염여 가옵신 님의
    다시오진 못하는 巴蜀 三萬里.

    신이나 삼어줄ㅅ걸 슲은 사연의
    올올이 아로색인 육날 메투리.
    은장도 푸른 날로 이냥 베허서
    부즐없은 이 머리털 엮어 드릴ㅅ걸.

    초롱에 불빛, 지친 밤 하늘
    구비 구비 은하ㅅ물 목이 젖은 새,
    참아 아니 솟는 가락 눈이 감겨서
    제피에 취한 새가 귀촉도 운다.
    그대 하늘 끝 호올로 가신 님아.

                            —「귀촉도」 전문

'귀촉도'는 고국 촉나라로 돌아갈 수 없는 한 충신의 원혼이 새로 되었다는 전설을 지니고 있는 새이다. 그에 따라 이 새는 촉백, 망제혼, 불여귀, 촉혼, 또는 일반적으로 두견새,

자규, 소쩍새로 불리기도 한다. 이 시에서는 '그대 하늘 끝 호올로 가신 님'이 '귀촉도'가 된다. 그러니까 사별한 님이 되는 것이다. 첫 연은 님과의 영원한 이별을 노래한 부분이다. "흰옷깃 염여염여 가옵신 님의 / 다시오진 못하는 파촉 삼만리"라는 구절에서 우리는 어렵지 않게 그러한 사실을 감지한다. 그렇다면 님을 보내는 화자의 태도는 어떠한가? 님이 피리를 불고 갔다고 하고, 님이 가신 곳에는 진달래 꽃비가 온다고 했다. 그것은 비극적 사실을 미적으로 승화하고자 하는 태도이다.

  제2연은 화자의 회한을 토로한 부분이다. 님에게 살아생전 다하지 못한 사랑에 대한 미련을 내보이고 있다. 님이 없는 마당에 머리털이 무슨 소용이 있단 말인가? 그래서 '부즐없는 이 머리털'을 은장도로 베어서 육날 메투리의 신이나 삼아줄 것을 그랬다는 진술을 하게 된다. 이 시의 화자가 남성이냐, 아니면 여성이냐를 놓고 의견이 분분하나 제2연에 구사된 어휘로 짐작컨대 여성으로 보아야 할 것이다. '은장도'라든가, 은장도로 베어 신을 엮을 정도의 '머리털'은 아무래도 남성과는 어울리지 않는다. '부즐없는'이란 시어는 또한 인생의 부질없음과 허무에 대한 깊은 깨달음을 내포하고 있기도 하다.

  제3연은 비극성이 한층 심화되고 있는 부분이다. 지친 밤하늘, 목이 젖은 새, 참아 아니 솟는 가락, 제피에 취한 새는 슬픔에 너무 침잠되어 끝없이 울다가 심신도 지치고, 목도 잠기었음을 간접적으로 말해 준다. 두 사람의 살아생전의 좋았던 사이는 '호올로'의 행간의 의미로 추출해 낼 수 있다. '호올로'

는 왜 같이 안 가고 혼자만 갔느냐는 뜻의 강조요, 여건만 허락한다면 님과 함께 이승을 하직할 의지가 있음을 내비친다. 그렇다면 '귀촉도'는 어떤 대상의 감정 이입물인가? 화자인가, 떠나간 님인가? 후자로 보아야 옳다. 어느 지적9)대로 귀촉도는 '하늘 끝 호올로 가신 님'의 표상이며, 동시에 님과 나를 연결해 주는 사랑의 촉매이자, 한의 상징이다.

『귀촉도』의 시세계는 미당의 언급처럼 해방 후에 쓴 시들도 있어 해방 전의 시와는 다른 면모를 보여주는 시들도 있는데 다음과 같은 시가 그에 해당된다.

> 순이야. 영이야. 또 돌아간 남아.
>
> 굳이 잠긴 재ㅅ빛의 문을 열고 나와서
> 하늘ㅅ가에 머무른 꽃봉오리ㄹ 보아라
>
> 한없는 누예실의 올과 날로 짜 느린
> 채일을 물은듯, 아늑한 하늘ㅅ가에
> 뺨 부비며 열려있는 꽃봉오리ㄹ 보아라
>
> 순이야. 영이야. 또 돌아간 남아.
>
> 저,
> 가슴같이 따뜻한 삼월의 하늘ㅅ가에
> 인제 바로 숨 쉬는 꽃봉오리ㄹ 보아라
>
> ―「密語」전문

---

9) 김재홍, 『한국현대시인연구』(일지사, 1986), p. 325.

시가 화자와 청자 사이의 거래라는 점을 생각할 때 위의 시는 청자만이 나타나 있고, 화자는 감추어진 상태이다. 즉 이 시는 함축적 화자와 현상적 청자의 구조를 지닌 시이다. 그러면 청자인 순이, 영이, 남이는 어떤 존재일까? 소녀들이다. 그들이 소녀라는 것은 꽃봉오리와 동일시되고 있다는 데에서 추측이 가능하다. 그러나 그 소녀들은 '돌아간 남아'만을 보더라도 현실 속의 인물들이 아니다. 이 세상을 떠난 인물들이다. 그들은 '굳이 잠긴 재ㅅ빛의 문' 안에 있다. 잿빛의 이미지 역시 죽음과 연결된다. 그렇게 볼 때 문은 이승과 저승의 통로가 된다. 화자는 그들에게 그 문을 열고 나오라고 한다. 나와서 하늘가에 머무른 꽃봉오리, 하늘가에 뺨 부비며 열려 있는 꽃봉오리, 하늘가에 인제 바로 숨 쉬는 꽃봉오리를 보라고 한다. 그것은 바꿔 말하면 무슨 말인가? 예전과 같은 꽃봉오리가 아니라는 얘기이다. 예전의 꽃봉오리는 열려 있지도 못했고, 바로 숨 쉬지도 못했다. 채 봉오리를 맺지도 못한 상태에서 진 것에 다름 아니다. 소녀들의 죽음이 바로 그런 것이다. 이 시가 해방된 후 2년 뒤에 발표된 작품이란 점을 감안하면 여러 각도에서 얘기가 가능하리라. 특히 열두 달 중 '삼월의 하늘가'란 표현을 3·1운동과 연계시키면 일제시대 때 희생된 존재 전체를 지칭하는 것으로도 확대 해석할 수 있다.

식민지시대의 그 회색빛 어둠과 절망, 그 '겨울'은 계절의 순환원리에 의하여 이제는 물러나고, 고난을 겪었던 시대로부터 밝은 시대로 전환되던 순간, 그 엄청난 감동을 혼자서는 다 어쩌지 못하여, 저승으로 돌아간 사람들까지도 불러내게 된다. 그리고 이

제 그것은 자신의 기쁨과 감동만이 아닌 한국인, 온 세상 사람이 공유할 수 있는 기쁨이요 감동이기 때문에, 자신만의 노래가 아니라 나와 이웃이 함께 나누는 노래로 확대 승화시키고 있는 것이다.10)

이 작품이 공감대를 넓힐 수 있는 것은 이처럼 화자의 들뜬 감정이 화자만의 것이 아니요, 해방을 맞은 한국인 전체의 기쁨이요, 감동이기 때문이다. 일제의 사슬에서 풀려 나온 기쁨과 벅찬 감정은 「꽃」이란 작품에서도 "오- 그 기름묻은 머리ㅅ박 낱낱이 더워/땀 흘리고 간 옛사람들의/노래ㅅ소리는 하늘 우에 있어라.// 쉬여 가자 벗이여 쉬여 가자/여기 새로 핀 크낙한 꽃 그늘에/벗이여 우리도 쉬여서 가자"란 식으로 노래되기도 한다. 「밀어」나 「꽃」을 통해 느낄 수 있는 것은 그가 『화사집』에서 보여주었던 "白熱한 그리이스 신화적 육체나, 부엉이 같은 암흑이나 절망"의 세계를 떠나 "죽은 저 너머 선인들의 무형화된 넋의 세계"를 지향하기 시작했다는 것이다. 달리 말하면 서구적인 것에 관심이 많던 그가 동양적인 것으로 회귀하여 그에 관심을 보이기 시작했다는 것이다. 『귀촉도』 중 널리 알려진 작품인 「견우의 노래」도 이에 속하는 작품이다.

    우리들의 사랑을 위하여서는
    이별이, 이별이 있어야 하네

    높았다, 낮었다, 출렁이는 물ㅅ살과

---

10) 송하춘, 『미당 서정주 연구』(선일문화사, 1991), p. 51.

물ㅅ살 몰아 갔다오는 바람만이 있어야하네.

오— 우리들의 그리움을 위하여서는
푸른 銀河ㅅ물이 있어야 하네.

도라서는 갈수없는 오롯한 이 자리에
불타는 홀몸만이 있어야 하네!

織女여, 여기 번쩍이는 모래 밭에
돋아나는 풀싹을 나는 세이고…

허이언 허이언 구름 속에서
그대는 베틀에 북을 놀리게.

눈섭같은 반달이 중천에 걸리는
七月 七夕이 도라오기까지는,

검은 암소를 나는 먹이고
織女여, 그대는 비단을 짜ㅎ세.

이 시는 견우 직녀의 설화를 배경으로 하고 있다. 제목 그 대로 견우라는 화자가 청자인 직녀에게 말을 건네는 형식이다. 여기서 견우는 시인 자신과 견줄 수 있다. 이 시의 주된 정조는 그리움인데, 그리움의 정서는 비단 이 시뿐만 아니라 『귀촉도』시집의 여러 편의 시에서 발견된다. 이 시의 전제는 견우와 직녀의 운명적 이별이다. 이 운명적 이별을 견우는 수용하고 있다. 나아가 "우리들의 사랑을 위하여서는 / 이별이,

이별이 있어야 하네"라고 운명적인 이별을 긍정하기까지 한다. 사실 사랑에 있어 이별은 흔히 있는 일이다. 사랑이 끝까지 성공을 거두는 예는 오히려 그다지 많지 않다. 그보다는 이별의 아픔을 겪는 경우가 더 많다. 그러기에 사랑은 더욱 미묘하고, 애틋한 것인지 모른다. 미당은 이 사랑의 대위법을 너무나 잘 알고 있다. 이별이 있어야 사랑은 더욱 깊어지는 것이다. 견우가 직녀를 1년에 한 번 만나고 헤어져, 다시 만나는 다음의 날까지의 1년을 기다리기에 그들의 사랑은 오랜 동안 변치 않고 더욱 절실해진 것이다. 물살, 바람, 은하물도 두 사람의 사랑을 변치 않게 하는 매개물이다. 물살은 높았다가 낮아지는, 또는 그 반대의 변화로 단조로운 관계를 벗어나게끔 해주고, 바람의 역동성에 의해 물살의 움직임은 각자에게로 왔다 갔다 메신저의 역할을 해줄 수 있다. 은하물도 그 푸르고 맑은 실체로서 두 사람의 사랑을 고귀한 사랑으로 승화시킨다. 둘의 사랑을 위하여 "불타는 홀몸"만이 있어야 한다는 것도 절창이다. 사랑의 열정이 있지 않고서야 어찌 완전한 사랑의 결실을 보겠는가. 돌아서서 갈 수 없기에 더욱 불타는지도 모른다. 그렇다면 시인이 제시하는 두 사람의 기다림의 자세는 어떠한가? 나(견우)는 돋아나는 풀싹으로 검은 암소를 먹일테니, 그대(직녀)는 베틀을 놀려 비단을 짜라고 주문한다. 물론 이 주문은 그들의 이름, 소를 끌고 베를 짠다는 '牽牛'와 '織女'에서 유래한 것이다. 그러나 이 주문의 핵심은 헤어져 있는 동안 우리의 본모습을 잃지 말자는 것이다. 미당이 보기에 세간의 사랑이 깨지는 데에는 본래의 심성과 본분을 잃고 사랑의 초심에서 벗어나는 데에 그 원인이 있다. 그런 점에서 그는 이 시를 통해 사랑의 본질을 얘기하고 있는지도 모른다.

『귀촉도』에서 발견되는 미당의 모습 중에는 정신적인 방황과 몸부림도 있다. 물론 그 차원이나 정도가 『화사집』의 경우와는 다르지만 그가 육체적으로나 정신적으로 피폐해질 대로 피폐해져 그 나름의 고민을 한 흔적이 여러 편의 시들에서 나타난다. 다음 작품은 그 중 한 편이다.

> 잊어 버리자. 잊어 버리자.
> 히부얀 종이燈ㅅ불밑에 애비와, 에미와, 게집을,
> 그들의 슳은 習慣, 서러운 言語를,
> 찌낀 흰옷과 같이 벗어 던저 버리고
> 이제 사실 나의 胃腸은 豹범을 닮어야한다.
>
> 거리 거리 쇠窓살이 나를 한때 가두어도
> 나오면 다시 한결 날카로워지는 망자!
> 열민 붉은옷을 다시 입힌대도
> 나의 소망은 熱赤의 砂漠저편에 불타오르는 바다!
>
> 가리라 가리로다 꽃다운 이年輪을 天心에 던저,
> 옴기는 발ㅅ길마닥 毒蛇의눈깔이 별처럼 총총히 무처있다는 모래언덕 넘어…모래언덕 넘어…
>
> 그 어디 한포기 큰악한 꽃 그늘,
> 부즐없이 푸르른 바람결에 씻기우는 한낱 骸骨로 노일지라도 나의 念願은 언제나 끝가는 悅樂이어야 한다.
>
> —「逆旅」중에서

2. 서정주의 시세계

애비와 에미와 계집을 잊어버리고, 그들의 습관이나 언어를 던져버리고, 옮기는 발길마다 독사의 눈이 번뜩이는 역경의 모래언덕을 헤치고 한포기 크나큰 꽃그늘을 찾아 가겠다는 시인의 의지는 마치 유치환의 「생명의 서」를 읽는 것처럼 비장하기까지 하다. '역려'라는 시 제목으로 보아 이 작품은 그가 1940년 답답하기만 한 조국을 떠나 만주 간도성 연길이란 곳을 갔을 때에 쓴 것 같다. 그의 만주 생활은 시련의 연속이었다. 취직이나 할 양으로 갔지만 일은 쉽게 풀리지 않았고, 어느 친구 형의 주선으로 들어간 만주 양곡회사 연길지점에서 영하 30도의 추위를 무릅쓰고 근무를 했지만 월급 45원으로는 처자 세 식구가 살기가 어려웠다. 게다가 일본인들의 횡포는 여기에서도 마찬가지였다. 그러므로 그에겐 자기로부터의 탈출이 절실했던 것이다. 「멈둘레꽃」이나 「만주에서」 같은 시에서도 그의 만주 생활의 일면을 살필 수 있다.

1956년 출간된 『서정주시선』

(3) 『서정주시선』

제3시집 『서정주시선』이 나온 것은 1956년의 일이다. 이때는 이미 미당이 불혹의 나이를 넘긴 직후이다. 역사적으로도 을유해방, 한국전쟁이라고 하는 민족의 격동기를 지낸 후이라 많은 변모를 보여줄 수 있는 때였다.

실제로 미당은 이 시집에서 우리가 흔히 그의 대표작으로 손꼽는「국화 옆에서」,「무등을 보며」,「추천사」,「춘향유문」,「광화문」,「상리과원」과 같은 시를 수록했다.

    가난이야 한낱 襤褸에 지나지 않는다
    저 눈부신 햇빛 속에 갈매빛의 등성이를 드러내고 서 있는
    여름 山같은
    우리들의 타고난 살결 타고난 마음씨까지야 다 가릴 수 있으랴

    靑山이 그 무릎 아래 芝蘭을 기르듯
    우리는 우리 새끼들을 기를수밖엔 없다
    목숨이 가다가다 농울쳐 휘어드는
    午後의때가 오거든
    內外들이여 그대들도
    더러는 앉고
    더러는 차라리 그 곁에 누어라

    지어미는 지애비를 물끄럼히 우러러보고
    지애비는 지어미의 이마라도 짚어라
    어느 가시덤풀 쑥굴헝에 뇌일지라도
    우리는 늘 玉돌같이 호젓이 무쳤다고 생각할 일이요
    靑苔라도 자욱이 끼일일인 것이다.
                                  —「無等을 보며」전문

    미당은 1952년 봄 학기부터 광주조선대학 국문학과의 부교수가 되어 남광주 구석에 셋방을 얻어 날마다 무등산을 바라보며 출퇴근을 하였다. 무등산의 모양이나 아른 아침의 해돋

이, 무등산을 배경으로 한 하늘과 구름의 빛깔들을 바라보고 지내는 것이 그에게는 큰 낙이었다. 그러나 가난과 굶주림에서 벗어난 것은 아니었다. 이 시는 그때 지어진 것이다. 제1연에는 우리가 처한 가난이라는 상황과 우리의 마음씨가 대비적으로 설명되어 있다. 가난은 겉에 걸친 헌 옷에 지나지 않고, 우리의 마음씨는 푸른 여름산처럼 맑고 깨끗하다는 것이 이 부분이 의미하는 내용이다. 제2연에서는 우리가 자식을 기르는 일이 청산이 지란을 키우는 일로 비유되었다. 제2연과 3연에 걸쳐서 제시된 내용은 우리가 고통스러운 상황에 처했을 때, 그 고통을 하나의 과정으로 받아들이면서 부부간의 위안과 화합을 이루면 극복할 수 있다는 사실이다. 지어미가 지애비를 물끄러미 우러러보고, 지애비가 지어미의 이마를 짚는 모습은 굶주림에 지친 부부가 보여줄 수 있는 가장 인간적이고 아름다운 모습임에 틀림없다. 제4연은 여기서 더 나아가 마음의 자세를 문제삼는다. 즉, 가시덤불 쑥구렁에 누이더라도 옥돌같이 호젓이 묻혔다고 생각하라는 것인데, 이것은 아무리 고통스러운 상황에 처했을지라도 우리는 깨끗하고 순수한 존재라고 생각하라는 뜻이다. 그 다음 행에서는 그렇게 옥돌같이 호젓이 묻혔다고 생각하면 어느 사이에 푸른 이끼라도 자욱이 낄 것이라고 말했다. 이것은 스스로를 순수한 존재라고 생각하면 그것에 상응하는 어떤 결과가 나타날 것이라는 뜻이다. 시인 스스로는 이 시의 배경에 대해 다음과 같이 말한다.

 광주 무등산은 앞에 앉은 산과 뒤에 있는 산의 두 겹으로 되어 있다. 앞에 있는 것은 엇비슷이 누워 있는 것 같고, 뒤에 있는 산은 뭔지 안심찮아 일어나 앉아 있는 것 같다.
　——나는 광주에 와서 조선대학의 한 달 겉보리 열 닷말의 훈장 노릇을 하면서, 날마다 내가 있는 방과 학교 사이를 오고가며, 이런 뜻을 마련해 내고, 이것은 어쩌면 두 오랜 부부의 어느 오후의 휴식의 모습 같다고도 생각하고 있었다. 아내는 너무 피곤하여 엇비슷이 누워 있는 오후, 옆에 앉은 남편이 바야흐로 그 누운 아내의 고단한 이마를 짚을 자세로 있는 것이라고 생각하는 데 이르렀다.11)

　그는 무등산의 봉우리들을 보고 오랜만에 인간의 고향으로 돌아온 것 같은 평화스러움을 느꼈으며, 세상살이의 순리도 깨달았다. 이것은 그로 하여금 생의 본질적 가치에 대한 신념과 함께, 삶에 대한 긍정적인 자세를 마음속에 새기는 계기가 되어 주었다. 그리고 또 한편으로는 민족적인 큰 사건을 겪으면서 얻은 체험들이 그의 내부에서 잘 여과되었고, 인생에 대한 달관의 눈이 시의 승화를 가져다주기도 했다. 이 무렵의 시들 중에 秀作들이 많음은 결코 우연이 아니다. 우리가 너무 잘 아는 「국화 옆에서」도 이때 쓰여진 것이다.

　　한송이의 국화꽃을 피우기위해
　　봄부터 솟작새는
　　그렇게 울었나보다

　　한송이의 국화꽃을 피우기위해

---

11) 『서정주문학전집』 권5, p. 325.

천둥은 먹구름속에서
또 그렇게 울었나보다

그립고 아쉬움에 가슴 조이든
머언 먼 젊음의 뒤안길에서
인제는 돌아와 거울앞에 선
내 누님같이 생긴 꽃이여

노오란 네 꽃닢이 필라고
간밤엔 무서리가 저리 내리고
내게는 잠도 오지 않었나보다

—「국화 옆에서」 전문

    이 시가 정작 발표된 것은 1947년 11월 9일 ≪경향신문≫ 지상이다. 해방 이전에 '생명파'의 일원으로서 들끓어 오르는 삶의 욕구와 격정들을 노래한 시인이 그 경향을 달리하여 보다 균형된 삶의 차원으로 나아가려 한 변화의 자취가 엿보이는 작품이다. 시인은 이 시에 대해 스스로 말하기를 "젊은 날의 흥분과 모든 감정의 소비를 겪고, 인제는 한 개의 잔잔한 우물이나 호수와 같이 형(型)이 잡혀서 거울 앞에 앉아 있는 한 여인의 美의 영상, 내가 어느 해 새로 이해한 정일(靜逸)한 40대 여인의 미의 영상을 이 시에 담았다"고 밝히고 있다. 구체적으로 시인의 말을 인용해 보면 다음과 같다.

    내가 20대에 '소복하고 거울 앞에 우두커니 홀로 앉아 있는 사십대의 여인'의 모습을 보았다면 '흥! 저 아주머니는 헬쓱한 게

밉상이야. 얼이 빠졌어!'하고 비웃었음에 틀림없을 것이지만, 인제 이「국화 옆에서」를 쓸 무렵에는 어느 새인지 거기에도 한 서릿발 속의 국화꽃에 견줄 만한 여인의 미를 새로 이해하게 된 것도 서상한 바와 같은 것들의 많은 되풀이, 되풀이의 결과임은 물론입니다. 그래서 내가 어느 해 새로 이해한 이 정일한 사십대 여인의 미의 영상은 꽤 오랫동안── 아마 2, 3년 그 표현의 그릇을 찾지 못한 채 내 속에 잠재해 있다가, 1947년 가을 어느 해 어스름 때 문득 내 눈이 내 정원의 한 그루의 국화꽃에 머물게 되자, 그 형상화 공작이 내 속에서 비로소 시작되었던 것입니다.[12)]

시인의 말대로 이 시에서 누님은 국화꽃에 비유되어 있다. 국화꽃이 어느 순간에 갑자기 핀 것이 아니고 봄에 처절하게 울어대는 소쩍새와 여름에 많은 비를 가져오기 전의 천둥소리, 그리고 가을밤의 맑은 서리가 국화꽃을 피우는데 모두 작용을 하여 하나의 국화꽃이 완성되었듯이, 중년 여인의 원숙미는 세월의 풍상을 겪으며 이루어진 것이라는 동일화의 시상이 이 시를 낳게끔 했다. 하나의 꽃이 피기까지의 우주적 인연을 노래했다는 점에서 불교의 인연설을 기초로 하고 있다고도 볼 수 있다. 이 시기에 불교적 색채를 띤 작품으로는「춘향유문」이 있다.

안녕히 계세요
도련님

---

12) 서정주,『시창작법』(선문사, 1954)「시작과정」중에서.
송하선, 전게서, p. 77 재인용.

지난 오월 단오ㅅ날, 처음 맞나든날
우리 둘이서 그늘밑에 서있든
그 무성하고 푸르든 나무같이
늘 안녕히 안녕히 계세요

저승이 어딘지는 똑똑히 모르지만
춘향의 사랑보단 오히려 더 먼
딴 나라는 아마 아닐것입니다

천길 땅밑을 검은 물로 흐르거나
도솔천의 하늘을 구름으로 날드래도
그건 결국 도련님 곁 아니예요?

더구나 그 구름이 쏘내기되야 퍼부을때
춘향은 틀림없이 거기 있을거에요!

—「춘향유문」전문

　이 시의 전개는 춘향이 이도령에게 하직 인사를 하는 것으로 시작된다. 그 하직은 제3연에 '저승'이 나오는 것으로 보아 이 세상에 대한 하직이다. 다시 말해 지금 춘향은 이몽룡에게 유언을 하고 있다. 우선 춘향은 임에게 처음 만나던 날을 회상시킨다. 연인들에게 있어 그들이 처음 만났던 날은 추억이 깊고 의미 있는 날이다. 특히 여인에게는 더욱 그러하다. 그 날 그들은 나무 그늘 밑에 서 있었다. 나무가 그들에게 그늘을 제공해 준 것이다. 춘향은 임에게 그 나무처럼 안녕히 계시라고 말한다. 그러면 왜 안녕히 계시길 비는 임의 모습을 하필 나무에 비유했을까?

이 시에서 나무는 여러 가지 복합적 의미를 지닌 대상이다. 가장 일반적인 의미에 있어 나무는 길고 수직적인 모습을 하고 있기에 '세계 중심'의 상징이 된다. 나무가 높게 뻗어 올라감은 하늘에 닿은 듯한 것이고, 뿌리의 뻗어 나감은 땅뿐만 아니라 지하까지 연결한 것이므로 결과적으로 나무는 천상, 지상, 지하의 세 층을 모두 통하는 대상이라고 보기 때문에 세계축이 되는 것이다. 그래서 임을 나무같이 보려 한다. 임이 세계축인 나무로 존재해야만 춘향이 지하의 '검은 물'이 되거나 천상의 '구름'이 되더라도 임의 곁에 있게 되는 것이다. 그러므로 임은 어느 곳에도 미치지 못하는 바가 없는 세계축인 나무로 존재하고, 춘향의 사랑도 어디라도 끝없이 펼쳐지기에 춘향과 이도령은 비록 몸은 이승과 저승으로 나뉘더라도 영혼은 항상 같이 있을 수 있는 것이다. 더구나 구름이 소나기가 된다면 나무와 같은 수직성의 존재가 되는 것이기에 '임과의 공존'을 확언할 수 있는 것이다. 이 시의 상상력이 불교의 윤회사상에 닿아 있음은 쉽게 추출될 수 있는 사실인데, 「국화 옆에서」나 「춘향유문」의 이 같은 불교적 경도는 그의 시 세계가 이 시기로부터 불교로 본격적으로 기울어지기 시작했음을 보여준다. 그는 「추천사」라는 시에서도 춘향을 등장시키고 있다.

　　香丹아 그넷줄을 밀어라
　　머언 바다로
　　배를 내어 밀 듯이,

2. 서정주의 시세계

香丹아

이 다수굿이 흔들리는 흔들리는 수양버들 나무와
벼갯모에 뇌이듯한 풀꽃뎀이로부터,
자잘한 나비새끼 꾀꼬리들로부터
아조 내어밀듯이, 香丹아

珊瑚도 섬도 없는 저 하눌로
나를 밀어 올려다오.
彩色한 구름같이 나를 밀어 올려다오
이 울렁이는 가슴을 밀어 올려다오!

西으로 가는 달 같이는
나는 아무래도 갈수가 없다.

바람이 波濤를 밀어 올리듯이
그렇게 나를 밀어 올려다오
香丹아.

—「鞦韆詞」전문

    이 시는 우리의 고전소설「춘향전」을 시적으로 변용한 작품이다. 시인은 춘향을 통하여 지상적인 번뇌의 세계로부터 벗어나고자 하였다. 이 시의 제목으로 되어 있는 '추천'이란 그네를 뜻하는 것으로, '그네'는 이 시의 상징물이 된다. 즉 하늘에 닿을 듯이 올라가다가 이내 제자리로 돌아오는 그네는 이 고뇌의 세상을 벗어나고자 하지만 결국은 벗어나지 못하는 인간의 모습 그대로이다.

이 시에서 춘향은 삶의 고뇌를 가진 여인이다. 그는 그네를 뛰어오름으로써 고뇌로부터 벗어나고자 한다. 춘향에게 있어 고뇌는 무엇인가? 그것은 신분적 제약에서 오는 삶의 답답함일 것이다. 춘향이 살기 어려운 세상을 벗어나려는 모든 이들을 대변한다고 볼 수도 있다.

제1연에서 춘향은 향단에게 그넷줄을 밀라고 말한다. 먼 바다로 나가는 배와 같이 새로운 세계로 가 보겠다는 의지이다. 그러나 이미 그넷줄이라는 것은 틀에 묶여 있어 어느 정도 이상은 나아가지 못하게 하는 것, 이미 상승의 한계는 내정되어 있는 것이다. 마치 깃발이 아무리 나아갈 방향을 향해 펄럭여도 깃대에 묶여 나아가지 못하는 것과 마찬가지로 그네가 아무리 하늘 높이 오른다 해도 일정한 높이에 이르면 다시 제 자리로 돌아오고 마는 것이다. 일종의 낭만적 아이러니를 여기서 느낄 수 있다.

제2연에는 춘향이가 벗어나야겠다는 대상들이 나온다. 수양버들나무와 풀꽃데미, 나비새끼, 꾀꼬리들이 그들이다. 그러므로 그들은 지상적 번뇌의 상징물들이 된다. '아조 내어 밀듯이'라는 구절로부터 춘향의 단호한 태도를 파악한다. 제3연은 춘향의 가고자 하는 장소가 제시된다. 그곳은 산호도 섬도 없는 하늘이다. 산호도 섬도 없다는 것은 거침없는 지향을 원함을 보여주는 것이다. 그러므로 그 하늘이란 아무 막힌 것도 없이 무한히 넓은 세계이다. 춘향은 '채색한 구름'에서 간파되듯 그 세계에서 아름다운 삶을 이루고 싶은 것이다. '울렁이는 가슴'은 생각만 해도 설레는 춘향의 심정을 나타낸다.

제4연에서 시인은 인간의 운명적 한계에 대한 깨달음을 보여준다. 서쪽으로 가는 달은 자기가 가고자 하는 방향으로 거침없이 갈 수 있지만, 유한한 존재인 인간 춘향은 그렇게 갈 수가 없는 것이다. 제5연에서 파도는 그네와 동일한 의미를 지닌다. 다시 말해 파도도 바람에 의해 높이 솟구칠 수는 있어도 이내 제자리로 돌아오고 만다는 점에서 그 한계적 상황이 그네와 같다. 그러나 춘향은 다시 제자리로 돌아올지언정 상승의 의지를 보여 향단에게 밀어 올려 달라고 계속 주문을 하는 것이다. 춘향의 간절한 초월의 의지와 필연적 좌절이 여기에 함축되어 있다고 하겠다. 비상을 통해 자유와 영원을 획득하려는 그의 의지는 「학」이란 작품에서도 드러난다.

　　千年 맺힌 시름을
　　출렁이는 물살도 없이
　　고은 강물이 흐르듯
　　鶴이 나른다

　　千年을 보던 눈이
　　千年을 파다거리던 날개가
　　또한번 天涯에 맞부딪노나

　　山덩어리 같아야 할 忿怒가
　　草木도 울려할 서름이
　　저리도 조용히 흐르는구나

　　보라, 옥빛, 꼭두선이,

보라, 옥빛, 꼭두선이,
누이의 수틀을 보듯
세상은 보자

누이의 어깨 넘어
누이의 繡틀속의 꽃밭을 보듯
세상은 보자

울음은 海溢
아니면 크나큰 祭祀와같이

춤이야 어느땐들 골라 못추랴
멍멍히 잦은 목을 제쭉지에 묻을바에야
춤이야 어느 술참땐들 골라 못추랴

긴 머리 자진머리 일렁이는 구름속을
저, 우름으로도 춤으로도 참음으로도 다하지 못한것이
어루만지듯 어루만지듯
저승곁을 나른다

―「鶴」 전문

   천년 맺힌 시름을 지닌 학은 무엇을 지칭하는 것일까? 조류(鳥類)의 하나인 학도 아니요, 천년이란 시간을 염두에 둘 때 개인적인 감정이입물도 아니다. 그것은 민족적 한의 상징적 모습으로 볼 수 있다. 오랜 역사 동안 외세의 침입으로 인해 비극을 겪어 왔던 우리 민족, 천년 맺힌 시름은 그에게 합당한 언사이다. 그 시름 가운데는 '산덩어리 같아야 할 분노'도 있고, '초목도 울려야 할 설움'도 있지만 출렁이는 물살도 없이, 고은 강물이 흐르듯 학이 나른다. 지금의 학의 자세는 인고의 자세 그것이다. 여기서 살필 수 있는 시인의 의도는 역사적으로 많은 시련을 겪어온 민족이지만, 개인적으로도 가난과 역경 속에서 살아왔지만, 우리는 그 분노와 슬픔을 지양하고 정신적으로 달관하고 승화되어야 하겠다는 것이다. 시인을 중심으로 말하자면 인생의 경륜이 쌓여 이제는 분노와 슬픔에 잠기기보다는 중년의 삶의 지혜로 그를 극복하고자 함으로 볼 수 있다. 이러한 태도로 세상을 보면 아름다움도 터득되는 것이어서 '누이의 수틀 속의 꽃밭'을 보듯 세상이 아름답게 보이고 긍정적으로 받아들여지게 된다. 사실 수틀의 '꽃밭'이 쉽게 완성된 공간이던가? 한 땀 한 땀 오랜 정성과 수고를 기울여 만들어 놓은 공간이다. 꽃밭이 되기까지는 얼마나 많은 인내와 체념과 초탈의 태도가 필요했을 것인가? 누이란 존재는 분명 한과 슬픔의 과거를 지닌 여인일 것이다. 그러나 그녀는 한과 슬픔에 잠기기보다는 초연한 자세로 수틀을 잡고 꽃밭을 조금씩 완성했던 것이다. 그 수틀의 꽃밭을 만들 듯 세상을 살아가면 어떠한 역경도 이겨낼 수 있으리라는 것이 시인의 생각이다. 시인은 울음도 삼키고, 춤도 잠시 접어두고, 일렁이는 구름 속을 고고히 나르는 학의 자세에서 자신이 살아가야 할 자세를 배웠다고도 볼 수 있다. 이렇게 본다면 『서정주시선』의 시세계는 파란 많은 역사의 능선을 걸어온 시인이 이제 불혹의 나이를 넘어서면서 어떻게 살아갈 것인가 하는 삶의 태도의 반영으로 요약된다.

(4) 『신라초』, 『동천』

서정주가 그의 인생관의 정립을 위해 정신적 지주로 삼고자 한 것이 신라요, 신라정신이다. 신라는 삼국시대에 가장 화려한 문명을 꽃피운 나라요, 제도적으로도 본받을 만한 면이 많았던 나라였다. 우리도 지난날에는 언젠가 한 번 꽃핀 듯 산 때도 있지 않았

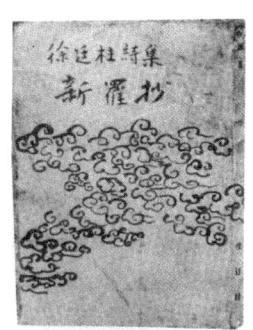

1960년 출간된 『신라초』

을까 하고 생각해 보니 그에 해당되는 나라가 신라였다. 그렇다면 어떤 인물들의 위대함이, 어떤 정신이 삼국의 통일을 가능하게 했던 것일까? 그에 대한 탐구가 바로 국난의 연속 속에서 민족의 분열과 나라의 멸망을 초래한 이 땅의 위기를 극복할 수 있는 길은 아닐까? 그의 생각은 여기에까지 이르렀고, 그래서 들춰본 것이 삼국시대의 역사를 기록한 『삼국유사』 『삼국사기』요, 그 속에 담긴 그들의 생활상이었다. 그가 이들 서적을 들춰본 것은 전주에서 1년 동안 있을 때와 1952년 봄부터 1953년 9월까지 광주 조선대학 교수로 있던 때까지의 약 2년 반 동안이다. 그는 이때 위의 두 책만이 아니라 『삼국사절요』나 육당 최남선이 편집한 『신라수이전』도 살펴보았다. 『신라초』를 쓰게 된 동기는 다음의 글에서 잘 나타나고 있다.

또 나는 『삼국유사』와 『삼국사기』 속의 이야기들 하고도 눈이 잘 맞아, 그것들을 漢文 再修 겸해서 예쁜 카아드들에 한 이야기

씩 한 이야기씩 또박또박 정성을 다해 가는 글씨로 옮겨 베끼고는 특별히 마음에 드는 구절엔 붉은 빛의 貫珠를 쳐 갔다. 여기서 이렇게 시작하여 내가 만들어 지니고 다닌 이 카아드 다발이 뒤에 내가 하게 된 그 신라의 기초가 된 것이다.13)

그러나 그가 직접적으로 신라의 풍류에 매력을 가진 직접적 원인은 최치원의 「난랑비서」라는 짧은 글이었다. 최치원은 그 글에서 "이 나라에 참 묘한 인생의 길이 있어서 그걸 풍류라 하니, 그 가르침의 내력은 선사(仙史)라는 책 속에 자세히 기록되어 있는 것으로, 그 정말의 내용은 3교의 뜻하는 바를 고스란히 담고 있는 것이니, 사람들을 가르침에서 '집에 들면 거기 효도를 다하며, 나가면 나라에 충성을 다해야 한다'함은 중국 노나라의 공자님의 뜻 그대로요, 자연스러히 지내며 말보다 더한 진실로 사는 걸 가르친 것은 주나라의 노자의 가르침 그대로요, 모든 악의 뿌리를 생겨나지 못하게 하여 착하게만 살게 하는 것은 네팔의 왕태자였던 석가모니의 감화와 같으니라"라고 했는데, 이를 보면 결국 신라의 풍류 정신 속에는 유·불·선 세 큰 종교의 중요한 정신이 두루 다 포함되고 있어 미당을 크게 격려, 고무시켰다. 풍류와 함께 그가 관심을 기울인 것은 신라의 영원주의이다. 신라인들은 현실만을 중요시한 것이 아니라 영원을 염두에 두고 그들의 모랄이나 감정을 정립해 나갔다. 다음 언급은 미당이 추구한 영원주의를 적절히 규명하고 있다.

---

13) 『서정주문학전집』 권3(일지사, 1972), p. 323.

그의 신라정신이란 고답적인 종교적 초월의 세계나 역사의 하늘을 의미하는 것은 아니다. 오히려 그것은 인간적 사랑과 욕망이 살아 움직이는 현세적 삶에 대한 긍정이며 사랑이고, 또한 인간 존중의 정신을 의미한다. 그렇다고 해서 물질적, 대지적인 것에만 함몰되는 것이 아니라 그것으로부터 끊임없이 벗어나려는 노력을 통해서 하늘이 표상하는 영원의 세계에 도달하려는 이념지향성을 함께 지니는 것이다. 바로 이러한 인간애의 정신에 바탕을 두되, 그러한 것들의 상승과 초월을 꿈꾸는 정신이 바로 신라정신이며 영원주의에 해당하는 것이다.14)

실제로 신라인들은 인간중심주의자들이며 현실주의자들이었다. 신라인들은 그들이 생각해 낼 수 있었던 모든 세계를 그들의 의식의 현실 속에서 하나로 용해해서 받아들이고 있었다. 그들의 세계관에 있어서는 현실적 세계와 초현실적 세계가 서로 구분되지 않은 상태로 존재한다. 현실과 초현실·일상과 신화·신과 인간·삶의 형식과 죽음의 형식이 미분화된 상태로 신라인의 의식의 현장에서 현장감을 가지고 살아 움직이는 것을 우리는 볼 수 있는데, 이것은 바로 이들이 구성하고 있는 세계가 짙은 종교성에 입각한 신화적 특징, 그 고대적 입장을 바탕으로 하여 이루어지고 있음을 의미한다.15) 즉 신라인들의 입장은 현실주의적이면서 동시에 신화적인 것이요, 신라의 풍류 정신이나 영원주의는 이에 바탕을 둔다.

그는 이러한 풍류 정신 내지 영원주의를 그의 작품을 통해

---

14) 김재홍, 『한국현대시인연구』(일지사, 1986), pp. 337-338.
15) 윤천근, 『역사 속의 한국사상 1』(온누리, 1985), p. 29.

표상하고 있다. 그러나 『신라초』에서는 그가 신라에 대한 기록을 읽은 체험을 충분히 시로 소화시키지 못하고 사료(史料)의 차용에 그쳤다는 인상을 주고 있고, 비로소 시적 형상화에 성공을 거둔 것은 『동천』이란 시집에 이르러서이다. 『신라초』에서는 다음 두 작품만이 주목할 만한 것으로 손꼽힌다.

① 朕의 무덤은 푸른 嶺 위의 欲界 第二天.
피 예 있으니, 피 예 있으니, 어쩔 수 없이
구름 엉기고, 비 터잡는 데──그런 하늘 속.

피 예 있으니, 피 예 있으니,
너무들 인색치 말고
있는 사람은 病弱者한테 柴糧도 더러 노느고
홀어미 홀아비들도 더러 찾아 위로코,
瞻星臺 위엔 瞻星臺 위엔 그중 실한 사내를 놔라.

살(肉體)의 일로써 살의 일로써 미친 사내에게는
살 닿는 것 중 그중 빛나는 黃金 팔찌를 그 가슴 위에,
그래도 그 어지러운 불이 다 스러지지 않거든
다스리는 노래는 바다 넘어서 하늘끝까지.

하지만 사랑이거든
그것이 참말로 사랑이거든
서라벌 千年의 知慧가 가꾼 國法보다도 國法의 불보다도
늘 항상 더 타고 있거라.

朕의 무덤은 푸른 嶺 위의 欲界 第二天
피 예 있으니, 피 예 있으니, 어쩔 수 없이

구름 엉기고, 비 터잡는 데——그런 하늘 속.

내 못 떠난다.

—「선덕여왕의 말씀」 전문

② 노래가 낫기는 그중 나아도
구름까지 갔다간 되돌아오고,
네 발굽을 쳐 달려간 말은
바닷가에 가 멎어버렸다.
활로 잡은 山돼지, 매(鷹)로 잡은 山새들에도
이제는 벌써 입맛을 잃었다.
꽃아. 아침마다 開闢하는 꽃아.
네가 좋기는 제일 좋아도,
물낯바닥에 얼굴이나 비취는
헤엄도 모르는 아이와 같이
나는 네 닫힌 門에 기대섰을 뿐이다.
門 열어라 꽃아. 門 열어라 꽃아.
벼락과 海溢만이 길일지라도
門 열어라 꽃아. 門 열어라 꽃아.

—「꽃밭의 독백」 전문

①은 선덕여왕과 선덕여왕을 짝사랑하던 지귀와의 설화를 바탕으로 한 것이다. 지귀는 신분의 귀천을 넘어서 순수하게 선덕여왕을 짝사랑했고, 선덕여왕은 무례를 저지른 그에게 국법에 의한 엄한 벌 대신에 그녀의 황금 팔찌를 벗어 그에게 주었다. 지귀의 불같은 사랑은 팔찌로 인해 더욱 마음으로 불 타 결국 탑을 불태워 버렸다. 『수이전』의 '심화소탑'(心火燒塔)에

나오는 얘기이다. 시인이 이 설화를 인유한 이유는 무엇일까? 신분과 윤리 등 대지 위의 온갖 불평등한 것을 넘어선 사랑의 영원성과 평등의 정신을 강조하기 위함이리라. 첫 연의 욕계 제2천(欲界 第二天)은 불교에서 말하는 3계(欲界, 色界, 無色界) 가운데 색욕, 식욕, 재욕이 강한 중생들이 머무는 6천(六天) 중 둘째 하늘인 도리천(忉利天)을 지칭한다. 선덕여왕의 무덤이 여기에 있다는 것은 아무리 왕의 신분일지라도 죽으면 어느 사람과 마찬가지로 중생들이 머무는 곳에 있다는 것을 간접적으로 말함이다. 그 하늘은 인간적 사랑의 체취를 풍기는 곳이며, 욕망과 꿈이 있는 곳이다. 그러고 보면 선덕여왕이 거주하는 공간은 살아 있을 때와 죽은 후가 변한 것이 없다. 이는 현실에서의 사랑이 하늘에 가서도 영속될 수 있다는 메시지이다. 제2연은 선덕여왕의 인간적인 면모에 대해 얘기하는 부분이다. 선덕여왕은 살아 생전 왕으로서의 권위를 내세우지 않고 선정을 베풀어 가난하고 외로운 사람들에게 위로와 구휼을 베풀었다. 그러면서도 "첨성대 위엔 그중 실한 사내를 놔라"에서 보듯 인간의 본능인 성욕에도 빠져 드는 모습을 그리고 있다. 사실 현실을 돌이켜보면 위선적인 자들이 얼마나 많은가. 그러나 선덕여왕은 자신의 감정에 솔직했던 것이다. 제3연은 앞서 말한 대로 지귀와 선덕여왕의 얘기로 "사랑을 사랑으로 보답할 줄 아는 신라인의 인간적 깊이와 넓이"를 피력한 부분이고, 제4연은 김춘추와 김유신의 누이와의 사이에서 있었던 국법을 어긴 사랑의 행위를 용서하는 선덕여왕의 모습을 통해서 진정한 사랑의 소중함과 그 영원함을 강조한 것이다. 마지막 한 행 "내 못 떠난다"는 인간 세계에 대한 강한 애착과 긍정을 다시 확인하는 부분이다.

②는 '사소 단장'이란 부제가 붙어 있는 작품이다. 사소(娑蘇)는 신라 시조 박혁거세의 어머니로서, 처녀의 몸으로 애를 배 산으로 신선 수행을 간 일이 있는데, 이 시는 그 길 떠나기 전 그의 집 꽃밭에서의 독백을 시화한 것이다.

제1행부터 4행까지는 한계적 상황을 보여준다. 노래라는 것이 아름다운 목청으로 울려 꿈을 한껏 펼칠 수 있는 수단인 것 같지만 구름이 떠 있는 이상을 넘어설 수는 없다. 말 역시 아무리 빠른 속도를 지니고 네 발굽을 쳐 달린다 해도 바닷가에 이르면 더 이상 나아가지 못한다. 사냥도 산돼지나 산새들 등 이런 종류 저런 종류의 짐승을 잡는다 하더라도 입맛이 허구한 날 생길 리가 없다. 그래서 화자는 그러한 한계를 꽃을 통해 극복하고자 한다. 꽃은 기독교적 신의 섭리나 불도의 세계, 혹은 이 세계의 가장 궁극적인 모습이 형상화된 사물이다. 가장 가치 있다고 여겨지는 노래는 구름이라는 수직적 한계에 부딪치고, 무한한 공간을 질주할 것 같은 말은 바다라는 수평적 한계에 부딪치지만, 꽃은 미지의 세계요, 절대가치의 세계이다. 그래서 화자는 외친다. "문 열어라 꽃아. 문 열어라 꽃아"라고. 이때 문은 절대세계로 들어가는 문이라고 볼 수 있다. 그 길이 바람과 해일을 만나는 역경의 길일지라도 화자는 절대가치의 세계를 지향하는 자세를 취한다. 이상에서 볼 때 ①, ②를 통해 시인이 강조하는 바는 정신의 영원주의로 요약된다. 이 주제가 가장 구체적으로 나타난 것이 「동천」이다.

1968년 출간된 『동천』

내 마음 속 우리님의 고은 눈섭을
즈문밤의 꿈으로 맑게 씻어서
하늘에다 옴기어 심어 놨더니
동지 섣달 나르는 매서운 새가
그걸 알고 시늉하며 비끼어 가네

―「冬天」 전문

시인의 언급에 의하면 이 시의 시상이 떠오른 곳은 그의 집 공덕동 근처 서강의 얼어붙은 한강가의 언덕이었다. 그는 아침마다 자신을 달래며 눈길을 헤매 산보를 하곤 했는데, 어느 날 겨울 하늘을 내 머리 위에서 날던 새를 만났고 그 새와의 상봉에서 이 시는 착상되었던 것이다. 그러나 시인의 직접적인 말은 시의 이해에 참고가 될 뿐 전적으로 그에 기댈 것은 못된다. 그런 점에서 본문에 입각해 분석을 시도해 본다.

우선 이 시에서 화자와 님의 관계를 생각해 볼 필요가 있다. 님은 화자가 마음에 그리고 있는 존재로 '고은 눈섭'이란 것으로 보아 아름다운 여성임을 알 수 있다. 화자는 그 님을 마음속에 오랫동안 간직하고 있었다. 그러다가 차디찬 겨울 하늘에 뜬 초승달을 보게 된다. 그 날렵한 모습이 마치 님의 눈썹을 연상시킨다. 화자는 이것을 여러 해 여러 밤 꿈속에서 맑게 씻어 하늘에 옮겨 심는 행위를 하게 된다. 맑고 차가운 하늘에 고고하고 외롭게 떠 있는 초승달의 모습에서 화자는 꿈에서나 그리던 님의 모습을 발견했는지도 모른다. 그 초승달을 배경으로 새가 한 마리 날아간다. 그 날렵한 비행의 모습이 초승달과 닮았다. 그것은 마치 새가 화자의 마음을 알아 그 모습으로 날아가는 것과 같이 여겨진다. 겨울밤 하늘에 뜬 초승달에서 님의 눈썹을 유추해 낸 시인의 상상력이 놀랍고, 새가 대지의 존재라고 생각한다면 지상의 구속과 운명의 무게를 벗어나려는 우주의 비상을 통해 시인이 추구하는 영원주의를 이렇듯 5행의 짧은 형식 속에 시로 형상화시킨 수법이 높은 경지를 보여준다. 이것은 어느 면에서 "육체적 사랑의 정신화를 성취한 것이며, 대지적 삶을 우주적 삶의 질서로 이끌어 올린 것"16)이기도 하다. 사랑하는 여인의 눈썹을 소재로 하여 쓴 시로는 또 「추석」(秋夕)이 있다.

    대추 물들이는 햇볕에
    눈 맞추어
    두었던 눈썹.

    고향 떠나올 때
    가슴에 끄리고 왔던 눈썹.

    열두 자루 匕首 밑에
    숨기어져
    살던 눈썹.

    匕首들 다 녹슬어
    시궁창에
    버리던 날,

---

16) 김재홍, 전게서, p. 342.

삼시 세끼 굶은 날에
역력하던
너의 눈섭.

안심찮아
먼 山 바위
박아 넣어 두었더니

달아 달아 밝은 달아

秋夕이라
밝은 달아

너 어느 골방에서
한잠도 안자고 앉었다가
그 눈섭 꺼내 들고
기왓장 넘어 오는고.

—「秋夕」 전문

    미당의 시 중에서 잘 알려지지 않은 시이다. 이 시를 이해하기 위해선 그가 낙원동에서 쓰레기통을 뒤지고 다닐 때의 계집이나, 그가 태어나서 자란 마을에 모시밭 샛길로 물동이를 이고 지나다닌 계집의 기억을 떠올릴 필요가 있다. 낙원동 시절에 그는 찌부러져 가는 지붕 밑에서 한 상에 10전짜리 상밥을 팔고 있는 상밥집을 다녔고, 거기서 그 집 딸을 보게 되었다. 그 계집은 하얗게 소복을 하고 말뚝처럼 꼿꼿이 서서 여러 해 동안 누구를 기다리는 듯한 눈을 하고 있었다. 그 후 미당은 그 계집 때문에 혼자 배고프면 이 집을 들락거리게 되었지만 수줍음 때문에 말을 건네 보지는 못하였다. 물동이를 이고 다닌 고향의 계집에게도 역시 말 한 마디 건네지 못하였다. 그러나 그 두 계집의 긴 눈썹은 그대로 기억 속에 남아 이 같은 시를 쓰게 된 것이다. 그가 사랑한 여인으로는 소학교 때 여선생님도 있다.

    내 永遠은
    물 빛
    라일락의
    빛과 香의 길이로라.

    가다 가단
    후미진 굴헝이 있어
    소학교 때 내 女先生님의
    키만큼한 굴헝이 있어,
    이뿐 女先生님의 키만큼한 굴헝이 있어,

    내려 가선 혼자 호젓이 앉아
    이마에 솟은 땀도 들이는
    물 빛
    라일락의
    빛과 香의 길이로라
    내 永遠은.

                                         —「내 永遠은」전문

미당이 '영원'이란 시어를 직접 드러낸 시이다. '영원'을 '물빛 라일락의 빛과 향의 길'과 동일시하는 의도는 무엇일까? 그것은 소학교 때 여선생님과 연관이 된다. 소년이 여선생님에 대해 지니는 사랑의 감정. 물빛 라일락의 빛깔을 보고, 향내를 맡게 되면 소년은 항시 여선생님이 떠오른 것이다. 그것은 순수한 사랑이요, 영원으로 이어지는 사랑이다. 시인은 이에 대해 다음과 같이 말한다.

    나는 지금도 고단한 때면 이분이 빚은 별을 돌이켜 느낀다. 뭣이라 할까. 역시 라일락―― 그것도 물빛 라일락의 빛과 향기가 선선히 깃들인 포근하고도 싱그러운 별을…
    그의 별을 생각할 때 하필에 물빛 라일락을 합쳐서 생각하게 되는 데에는 이유가 있기는 하다.
    나는 그가 부임하여 한 달인가 두 달 지난 뒤의 어느 날 오후, 학교서 나오는 걸음으로 책보를 옆에 낀 채, 영전리(英田里) 콧등이란 데에 있던 빈 제각으로 한 반 애들과 함께 꽃을 꺾으러 갔었는데, 웬일인지 그 앞마당에 있던 여러 꽃들 중에서 물빛 라일락을 한 가지 꺾어 들었다. 그러고는 그것을 안고 달음질쳐 땀을 흘리며 작은 언덕들을 넘어오다가, 나중엔 지쳐 어느 언덕과 언덕 사이의 구렁에 그것을 안은 채 주저앉아 이마에서 흐르는 땀을 개고 있었다. 그런데 이 쑥하고 그 비슷한 것들밖에는 없었던 구렁의 그늘 속에서 내가 맡고 보고 있던 그 물빛 라일락의 향기와 빛과 아울러서 내가 내 속에 지니고 있던 것은 이상하게도 그 요시무라 선생의 모양이었다. 그 구렁의 높이는 꼭 요시무라 선생의 키만큼 내게는 흡족한 것이고, 그렇기 때문에 그 속을 오래 떠나기 싫게 싱그럽고 좋았었다. ―― 그래 그 뒤 나는 요시무라 선생을 생각할 땐 그 꽃빛과 그 냄새를 거기 섞는다.[17]

이쯤되면 시인의 영원주의는 대강 드러나는 셈이다. 즉 이 시에서 화자는 여선생님과의 영원한 사랑을 꿈꾼다. 그 사랑을 꿈꾸는 공간이 '후미진 굴헝'이다. 이때 화자는 시인과 동일시 된다. 시인은 그곳이 요시무라 선생의 키만큼 흡족한 곳이었다고 한다. 그 말은 너무 깊어 빠져 나올 수 없는 곳도 아니요, 너무 얕아 남에게 요시무라 선생에 대한 사랑을 들키기 쉬운 곳도 아니라는 뜻이다. 자기만의 사랑을 하기에 적절한 곳이 바로 '후미진 굴헝'이란 공간이다. 그는 그 공간 속에서 영원히 안주하길 원한다. 그래서 물빛 라일락의 꽃빛과 냄새를 거기 섞어 시각과 후각에서 오는 만족감을 만끽한다. 물론 이 시에서의 사랑은 시인 개인의 체험에서 빚어진 사랑이지만, 영원주의를 추구하는 사랑이란 점에서 신라정신의 바탕이 되는 영원주의와 연결이 된다.

　　외할먼네 마당에 올라온 海溢엔요
　　예순살 나이에 스물한살 얼굴을 한
　　그리고 천살에도 이젠 안 죽기로 한
　　신랑이 돌아오는 풀밭길이 있어요.

　　생솔가지 울타리, 옥수수밭 사이를
　　올라 오는 海溢 속 신랑을 마중 나와
　　하늘 안 천길 깊이 묻었던델 파내서
　　새각시때 연지를 바르고, 할머니는

---

17) 서정주,『미당 자서전 1』(민음사, 1994), p. 189.

다시 또 퐈, 무더기 웃는 청사초롱에
불 밝혀선 노래하는 나무 나무 잎잎에
주절히 주절히 매여달고, 할머니는

갑술년이라던가 바다에 나갔다가
海溢에 넘쳐오는 할아버지 魂身 앞
열아홉살 첫사랑쩍 얼굴을 하시고

　　　　—「외할머니네 마당에 올라온 海溢」전문

　영미시의 한 형식인 소네트(sonnet)를 시도해 본 것이라는 뜻의 '쏘네트 시작(試作)'이란 부제가 붙은 이 시는 사랑이란 것이 현세에서 육신과 육신의 격리로 끝나는 것이 아니라 혼과 혼, 육신과 혼의 인연적 조우(遭遇)로서 영속된다는 미당의 영생적 정신주의를 잘 보여주는 작품이다. 이 시를 보다 알기 쉽게 풀이하면 다음과 같이 된다. 외할머니에게는 갑술년 바다에 나갔다가 그녀의 남편이 바다에 빠져 죽었기에 바다가 남편의 분신으로 여겨져 왔다. 바다 속에 남편이 있다고 믿기 때문이다. 그러던 어느 날 해일이 나서 바닷물이 외할머니네 마당까지 넘쳐 들어왔다. 그것은 곧 바다를 남편으로 알고 살아온 그녀에겐 남편이 찾아온 것이나 다름이 없다. 실로 오랜 만에 만나는 해후이다. 그녀는 열아홉 살 첫사랑 때처럼 설레어 얼굴이 붉어지고, 신랑을 맞을 만반의 준비를 한다. 새각시 때 연지를 바르고, 나무 나무 잎잎마다 청사초롱을 매다는 것이다. 그리고는 신랑을 마중 나온다. 그 신랑은 그녀에게는 이제 천 살을 먹어도 안 죽기로 맹세를 한 신랑이다. 물론 이 시의 내용은 미당의 체험에서 비롯된 것이다. 실제로 그의 외할아버지가 갑술년에 바다에 빠져 죽었고, 외할머니는 오랫동안 홀로 살아왔다. 또 바다를 가까이 하고 있는 질마재라는 마을에는 해일이 나서 바닷물이 마당으로 들어오는 일이 종종 있다. 시인은 이런 체험적 사건들을 연결시켜 이 같은 시를 완성시킨 것이다. 그러나 실제로 그가 이런 체험을 지녔더라도 이를 시화한다는 것은 그리 쉬운 일이 아니다. 더구나 시인은 전체 14행, 한 행이 14자씩이라는 극히 제한된 형식으로 이 시를 썼다. 그의 뛰어난 시재(詩才)를 여기에서도 발견하게 된다. 혹자는 제3연 제3행의 "주절히 주절히 매여 달고"의 목적어가 없다고 윈터즈(Winters)의 이성적 구조를 내세우며 이 시를 폄하하기도 했지만, 그 목적어는 '청사초롱'이라는 것을 조금만 주의 깊게 읽어 보면 알 수 있는 일이고, 설사 없다 하더라도 그것이 그리 중요한 결함이 되지 못한다. 이 시는 그의 여섯 번째 시집 『질마재 신화』에서 「해일」이란 산문체의 시로 다시 선보인다.

신라의 영원주의와 더불어 살필 것이 그의 시에 나타난 불교의 윤회사상이다. 이 사상은 이미 『귀촉도』 시집부터 보였던 것이지만 『신라초』나 『동천』에 이르러 더욱 확연하게 전개된다.

    섭섭하게,
    그러나
    아조 섭섭치는 말고
    좀 섭섭한듯만 하게,

이별이게,
그러나
아주 영 이별은 말고
어디 내생에서라도
다시 만나기로하는 이별이게,

蓮꽃
만나러 가는
바람 아니라
만나고 가는 바람같이…

엊그제
만나고 가는 바람 아니라
한 두 철 전
만나고 가는 바람같이…

―「蓮꽃 만나고 가는 바람같이」전문

  잘 알다시피 연꽃은 불교의 상징적인 꽃이다. 그 꽃을 만나고 가는 바람같이 살라는 것은 삶이란 것이 한 순간 스치고 지나가는 바람같이 덧없는 것이니 그 사실을 깨달으라는 것이다. 첫 연은 인간이면 누구나 인연을 맺은 사람과 헤어지게 되면 섭섭한 감정을 지니게 되나 회자정리(會者定離)라는 말이 있듯이 만나면 언젠가는 헤어지게 마련이니 너무 섭섭한 감정에 빠질 필요는 없다는 뜻이다. 그렇다고 아주 섭섭한 감정을 안 나타내는 것도 인간의 상정(常情)이라 볼 수 없으니 좀 섭섭한 듯만하게 감정의 조절을 하라는 말이다. 제2연에서 말하는 이별이라는 것도 마찬가지다. 이별의 경우를 당하면 일반 사람들은 아주 헤어지는 것으로 생각하지만 인간의 인연은 그렇지를 않아 현세가 아니면 내세에서라도 만나게 되는 경우가 있으니 영 이별은 말라는 것이다. 내생에서라도 다시 만나기로 하는 이별을 하면 이별이란 인간사에 구속되지 않고 그를 벗어날 수 있는 것이다. '연꽃'도 그 함의가 여러 갈래가 되겠지만 사랑 또는 사랑의 대상이라 한다면 그것을 이루려는 목적을 가져서는 안 되고 '만나고 가는 바람'같이 한때 스쳐가는 인연, 그것도 오래된 인연으로 생각해야 한다는 것이다. 그러므로 이 시는 흔히 말하는 '색즉시공 공즉시색 색불이공 공불이색'(色卽是空 空卽是色 色不異空 空不異色)의 불교적 관념을 말하는 시이기도 하고, 불교의 인연설이나 윤회사상에 맥이 닿은 시이기도 하다.

그의 인연설은 「인연설화조」란 시를 통해서도 찾아지는데, 이 시의 내용은 한 송이의 모란꽃과 한 예쁜 처녀가 재가 되고 흙이 되어 물고기의 배로 들어가고, 다시 그 물고기는 새의 밥이 되니 덩달아 처녀도 구름이 되어 날다가, 새가 사냥꾼의 화살에 맞아 죽어 그 부부의 반찬감이 되어 그들 속에서 소화가 되고 그들이 영아를 낳으니 결국 처녀는 모란꽃 속에 있고, 전날의 모란꽃이 내가 되어 보고 있다는 것이다. 요약건대 모든 삼라만상이 인연 속에 서로 얽히고 설켜 살아가고 있다는 내용이다.

◀
1972년 전5권으로 출간된
『서정주문학전집』

▼ 1972년 『서정주문학전집』 출판기념회에서

◀
김동리와 함께

▼ 황순원, 천경자 화백과
담소를 나누고 있는 미당

(5) 『질마재 신화』

『질마재 신화』의 시들은 그의 고향 질마재에 전해 내려오는 설화들을 소재로 했다는 점에서 『신라초』나 『동천』의 시들과 구별된다. 이 시집이 상재된 해는 1975년, 그러니까 미당이 회갑에 이른 때이다. 누구나 이 정도의 나이를 먹으면 수구초심이라고 고

1975년 출간된 『질마재 신화』

향을 그리워하게 마련인데, 미당도 예외는 아니었던 모양이다. 그의 고향에 대한 애정은 다음 글에서 역력히 나타난다.

> 아직도 호랑이 냄새도 나는 산——그 소요산 밑에 낮 뻐꾹새와 밤 두견이 소리가 넉넉하게 잘 들리는 마을, 대숲도 좋은 마을, 과히 좁지 않은 바다, 호숫가의 바위, 낭떠러지 밑엔 소동파의 적벽부의 松江鱸漁까지도 헤엄쳐 다니고 있는 곳, 시간도 秒니 分이니 時니 하는 그런 싱거운 것 아니라, 찬물때(滿潮時)니 썰물때(退潮時)니, 조금때(干潮時)니, 온조금때(全干潮時)니 반조금때(半干潮時)니, 낮 술참때니, 저녁 술참때니, 내리미질때(두 손자루가 달린 손그물로 옅은 바다를 내리밀고 다니며 새우나 꽃게 같은 걸 거두어들이는 때)니, 아침 물 길을 때니, 저녁 물 길을 때니, 박씨 심을 때니, 박꽃 필 때니, 흥부 박 탈 때니, 호박떡 고사때니, 새댁 친정 갈 날이니, 이렇게 항시 다정하게도 사람의 일뿐 아니라 땅과 하늘의 모든 일들이 바짝 가까이 그 낯을 드러내서 살아 있는 시간이 아직도 되어 있는 곳——어렸을 때 마음에 뿌리 박은 그런 일들이 어디서 좋게 여긴 무엇보다도 훨씬 더 큰 위안으로 나를 부

르고 있는 곳, 여기보다도 더 나은 내 여생의 담을 곳을 나는 달리 생각할 수가 없네.18)

이러한 고향 회귀의 심정이 그를 그의 고향에 전해 내려오는 설화에 집착하게끔 만들었다. 그래서 그는 어릴 때 들어왔던 이야기나 마을에 떠도는 이야기를 시로 재구했다. 이야기의 형식을 그대로 드러내기 위해 산문체로 시를 썼다. 그의 설화의 수용은 시대적으로 볼 때 또 다른 의미를 지니고 있었다. 1970년 초는 한창 새마을운동 사업이 벌어져 초가지붕이 슬레이트 지붕으로 바뀌고, 전통의 향내를 풍기던 공간이 개발의 미명 하에 점점 사라지던 때이다. 이때 고향의 소중함을 일깨우고, 토속어를 그대로 구사하며, 마을의 인습들을 들춰냈다는 것은 다른 사람들로 하여금 전통의 중요함을 일깨웠다는 점에서 그 나름의 의미를 지니는 것이다. 하여간 질마재는 그 때문에 살아 있는 공간으로 전환되었으며, 비단 질마재뿐만 아니라 다른 곳도 질마재와 마찬가지로 민족의식의 뿌리를 찾을 수 있는 공간으로 인식되기 시작하였다. 미당은 자신이 살았던 마을의 사람들을 세 유파로 구별하였다. 유학파, 자연파, 심미파가 그것이다. 유학파는 용어 그대로 학문을 닦은 무리이고, 자연파는 자연에 대한 애정을 지닌 이들, 예를 들어 밭갈기나 낚시질 등에 탁월한 재능을 보인 부류이며, 심미파는 예인을 뜻했다. 예인들은 자연파와 같이 의젓하지 못하고 늘 무엇을 숨

---

18) 「고향의 죽마고우 황동이에게」(『서정주문학전집』 권4).
송하선, 전게서, pp. 128-129 재인용.

기는 양, 숨어 사는 어둠의 측면을 지닌 무리였다. 이 세 부류는 사실 한국인의 원형적 모습에 다름 아니다. 그런 점에서 시집 『질마재 신화』의 의의는 민족의식의 뿌리와 한국인의 원형을 찾고자 하는 노력에 두어야 할 것이다. 그러면 질마재 마을의 설화는 어떻게 시화되었는가?

    신부는 초록 저고리 다홍치마로 겨우 귀밑머리만 풀리운 채 신랑하고 첫날밤을 아직 앉아 있었는데, 신랑이 그만 오줌이 급해져서 냉큼 일어나 달려가는 바람에 옷자락이 문 돌쩌구에 걸렸읍니다. 그것을 신랑은 생각이 또 급해서 제 신부가 음탕해서 그 새를 못 참아서 뒤에서 손으로 잡아다리는 거라고, 그렇게만 알곤 뒤도 안 돌아보고 나가 버렸읍니다. 문 돌쩌구에 걸린 옷자락이 찢어진 채로 오줌 누곤 못 쓰겠다며 달아나 버렸읍니다.
    그리고 나서 사십년인가 오십년이 지나간 뒤에 뜻밖에 딴 볼일이 생겨 이 신부네 집 옆을 지나가다가 그래도 잠시 궁금해서 신부방 문을 열고 들여다보니 신부는 귀밑머리만 풀린 첫날밤 모양 그대로 초록 저고리 다홍치마로 아직도 고스란히 앉아 있었읍니다. 안스러운 생각이 들어 그 어깨를 가서 어루만지니 그때서야 매운재가 되어 폭삭 내려앉아 버렸읍니다. 초록재와 다홍재로 내려앉아 버렸읍니다.

—「新婦」 전문

미당의 자술(自述)에 의하면 사실 이 이야기는 질마재에 전해 내려오는 이야기가 아니다. 그가 만주의 국자가(局子街)에 갔을 때 그의 친구 부친으로부터 들은 이야기이다. 그러나 질마재에도 능히 전해 내려올 법한, 아니 우리나라 어느 마을에서도 구전되었을 법한 이야기이다. 이 시에 기본적으로 깔려 있는 질서는 유교적 도덕관에 입각한 여필종부의 세계관이다. 한 여자는 오로지 한 남편을 섬겨야 한다는 윤리에 얽매여 신랑이 오해를 하여 가버렸음에도 불구하고 한 평생을 그 자리에 그대로 앉아 신랑이 돌아오기를 기다렸다. 그동안 신부에게 맺힌 한과 설움이 어떠했을까? 그러나 한과 설움도 밖으로 드러내지 못하고 안으로 삭이고 있다가 비로소 신랑이 40년 내지 50년 만에 돌아와 만져 주니 매운 재로 내려앉아 버렸다. 이 시에 수용된 설화의 내용은 물론 과장이 가미된 픽션이지만, 우리는 이 시를 통해 한평생 오로지 남편만을 의지하여 수절하여 사는 여인네들의 삶이 얼마나 잘못되었는가를 간접적으로 깨닫는다. 이 시의 장점은 그러한 무거운 메시지에도 불구하고 문 돌쩌구에 옷자락이 걸린 것을 신부가 음탕해 붙잡았다고 인식했다는 해학성으로 인해 시 자체는 재미있게 받아들여진다. 다음 시도 웃음을 자아내게 하는 시이다.

 질마재 上歌手의 노랫소리는 답답하면 열두 발 상무를 젓고, 따분하면 어깨에 고깔 쓴 중을 세우고, 또 喪輿면 喪輿머리에 뙤약볕 같은 놋쇠 요령 흔들며, 이승과 저승에 뻗쳤읍니다.
 그렇지만, 그 소리를 안하는 어느 아침에 보니까 上歌手는 뒷간 똥오줌 항아리에서 똥오줌 거름을 옮겨 내고 있었는데요. 왜, 거, 있지 않아, 하늘의 별과 달도 언제나 잘 비치는 우리네 똥오줌 항아리, 비가 오나 눈이 오나 지붕도 앗세 작파해 버린 우리네 그 참 재미있는 똥오줌 항아리, 거길 明鏡으로 해 망건 밑에 염발질을 열심히 하고 서 있었읍니다. 망건 밑으로 흘러내린 머리털들을 망건 속으로 보기좋게 밀어 넣어 올리는 쇠뿔 염발질을 점잔하게 하고 있어요.

明鏡도 이만큼은 특별나고 기름져서 이승 저승에 두루 무성하던 그 노랫소리는 나온 것 아닐까요?

―「上歌手의 소리」 전문

　이 시는 그가 자기 마을의 사람들을 셋으로 분류한 가운데 심미파에 속하는 예인 상가수의 이야기이다. 내용은 그는 여러 가지 재주를 겸비하고 있는데, 농악놀이에서 벙거지 끝에 열두 발이나 되는 상모를 달고 돌리기도 하고, 고깔 쓴 중의 형상을 하기도 하며, 상여가 나갈 때 그 앞에서 놋쇠 요령을 흔들기도 한다. 어찌나 노래가 뛰어난지 그의 노래는 이승에서 저승까지 뻗쳐 있는 듯하다. 그러나 그러한 상가수도 노래 안하는 때는 똥오줌 항아리에서 똥오줌 거름을 걸러 내는 일을 한다. 그러다가 똥오줌 항아리를 거울삼아 머리를 다듬고 있다는 것이다. 일견 상가수의 이중적 행위를 꼬집는 것 같으나 그렇게 받아들여서는 안 된다. 이 시에서 '똥오줌 항아리'에 대한 서술을 보면 "하늘의 별과 달도 언제나 잘 비치는 우리네 똥오줌 항아리" "눈이 오나 비가 오나 지붕도 앗세 작파해 버린 우리네 그 참 재미있는 똥오줌 항아리"라고 했다. 이 말은 똥오줌 항아리 속에 우리네의 애환이 모두 담겨 있다는 것이다. 그것을 거울삼으니 그의 노래 소리가 잘 나올 수밖에 없다. 또한 대대로 이어지는 우리 민족의 숨결을 담고 있기에 이승과 저승에 두루 무성할 수밖에 없는 것이다. 사물의 거울화는 다음 시에서도 나타난다.

95세까지 장수하신 미당의 어머니 김정현 여사

외할머니네 집 뒤안에는 장판지 두 장만큼한 먹오딧빛 툇마루가 깔려 있읍니다. 이 툇마루는 외할머니의 손때와 그네 딸들의 손때로 날이날마닥 칠해져 온 것이라 하니 내 어머니의 처녀 때의 손때도 꽤나 많이는 묻어 있을 것입니다마는, 그러나 그것은 하도나 많이 문질러서 인제는 이미 때가 아니라, 한 개의 거울로 번질번질 닦이어져 어린 내 얼굴을 들이비칩니다.

그래, 나는 어머니한테 꾸지람을 되게 들어 따로 어디 갈 곳이 없이 된 날은, 이 외할머니네 때거울 툇마루를 찾아와, 외할머니가 장독대 옆 뽕나무에서 따다 주는 오디 열매를 약으로 먹어 숨을 바로 합니다. 외할머니의 얼굴과 내 얼굴이 나란히 비치어 있는 이 툇마루에까지는 어머니도 그네 꾸지람을 가지고 올 수 없기 때문입니다.

—「외할머니의 뒤안 툇마루」 전문

툇마루가 외할머니와 그의 딸인 내 어머니의 손때가 묻어 반질반질해져 인제는 때가 아니라 내 얼굴을 들이비치는 거울로 되었다는 진술은 단순한 이야기로 듣고 흘려버릴 수 없는 심오성이 내포되어 있다. 거울이란 것이 자기 성찰의 이미지를 지닌 사물이라고 할 때 이미 거울이 되어 버린 툇마루는 시적 화자에게는 가풍(家風)을 일러주어 그것을 지키게끔 하는 상징물이요, 더 확대 해석하면 고향의 전통 내지 민족의 전통을 선조로부터 후손에게 물려주는 매개물이다. 손때는 곧 그들의 정이요, 숨결이며, 삶의 모습이다. 이제는 그 손때가 거울이 되어 집안 어른들의 정과 숨결과 삶의 모습이 무엇이었는가를 보여주는 것이다. 그 거울 속에서는 외할머니와 내 얼굴이 나란히 비치게 되어 어떤 사람의 꾸지람도 틈입할 수가 없다. 대대로 이어져 내려가야 할, 내가 또 언젠가는 후손에게 계승해야 할 전통이기 때문이다. 이 점에서 이 시는 백석의 「목구」(木具)라는 시와 유사하다. 제사 때 쓰는 제기(祭器)가 조상 대대의 때가 묻어 있기에 그것이 다름 아닌 "먼 옛 조상과 훗자손의 거룩한 아득한 슬픔을 담는 그릇"이라는 내용과 일맥상통하는 것이다. 그의 민족의식의 뿌리를 찾아내려는 노력은 원형의 추구로 이어지기도 한다.

    나보고 명절날 신으라고 아버지가 사다 주신 내 신발을 나는 먼 바다로 흘러내리는 개울물에서 장난하고 놀다가 그만 떠내려 보내 버리고 말았읍니다. 아마 내 이 신발은 벌써 邊山 콧등 밑의 개 안을 벗어나서 이 세상의 온갖 바닷가를 내 대신 굽이치며 놀아다니고 있을 것입니다.
    아버지는 이어서 그것 대신의 신발을 또 한 켤레 사다가 신겨 주시긴 했읍니다만, 그러나 이것은 어디까지나 대용품일 뿐, 그 대용품을 신고 명절을 맞이해야 했읍니다.
    그래, 내가 스스로 내 신발을 사 신게 된 뒤에도 예순이 다 된 지금까지 나는 아직 대용품으로 신발을 사 신는 습관을 고치지 못한 그대로 있읍니다.

— 「신발」 전문

아버지가 나에게 명절날 신으라고 사 주신 신발은 내가 아버지로부터 받은 첫 신발이다. 그 신발에는 명절 때 아무런 신발을 신지 말고 우리의 전통과 풍습을 예의를 갖춰 맞으라는 아버지의 배려가 담겨 있었다. 그러므로 그 신발은 그냥 신발이 아니라 아버지로부터 아들에게 이어지는 상속의 신발이다.

우리가 명절날 때때옷을 입고 치장을 하는 것은 그 날을 기념하여 보내려는 의도도 있지만, 조상들에 대한 예의 때문이기도 하다. 그런데 그 신발을 개울물에 흘려 버려 먼 바다로 떠내려가고 말았다. 그러면 그 대신 아버지가 사 주신 신발이 처음의 신발과 같을까? 그것은 대용품에 지나지 않는다는 것이 시인의 말이다. 새 신발에는 아버지의 배려도 담겨 있지 않거니와, 받는 나도 처음의 신발을 받았을 때와 같지 않다. 결국 신발의 원형을 상실한 것이다. 원형은 하나밖에 없는 것이다. 제2의 신발, 제3의 신발이 아무리 나타나도 소용이 없다. 예순이 다 된 지금도 대용품으로 신발을 사 신는 습관을 갖고 있다는 것은 원형의 신발이 복구될 수 없음을 의미한다. 돌이킬 수 없는 상실된 과거가 된 것이다. 이 시에서의 '신발'은 여러 가지로 대체될 수 있다. 그러나 어느 것으로 대체되든 우리들 인간의 가슴 속에 원형적 심상이 강하게 자리잡고 나면 그 밖의 모든 것은 언제나 대용품에 지나지 않는다. 시인은 이 시를 통해 이러한 메시지를 전달하고 있다.

(6) 『떠돌이의 시』와 그 이후

미당은 『질마재 신화』를 낸 이듬해인 1976년 일곱 번째 시집 『떠돌이의 시』를 상재했고, 그 후 『서으로 가는 달처럼』(1980), 『학이 울고 간 날들의 시』(1982), 『안 잊히는 일들』(1983), 『노래』(1984), 『팔할이 바람』(1988), 『산시』(1991), 『늙은 떠돌이의 시』

1976년 출간된 『떠돌이의 시』

(1993)을 계속 펴냈다. 이들 시의 특징을 두 가지로 정리하면 하나는 그가 관심을 기울였던 신라정신의 연장선상에서 신라뿐만 아니라 고려나 조선시대 때의 사건이나 인물들에 관한 얘기요, 다른 하나는 외국 여행을 체험하면서 그가 느꼈던 바를 피력한 것이다. 그 스스로 이들 시집을 펴낼 때의 정신을 '만보(漫步)의 산책 정신'이라고 표현했지만, 떠돌이로서의 자유가 이들 시집 속에 임리되어 있음을 볼 수 있다. 그러나 시적 성과로 따지자면 『떠돌이의 시』 이후의 시들은 그 전의 시만큼 정제되어 있지 못하다.

 이순의 나이를 넘기면서부터 펼친 그의 떠돌이 의식은 이미 20대에서도 있었다. 다만 20대가 주체할 길 없는 젊음과 정열의 소산으로서의 방황이었다면, 70대 이후의 '떠돌이'는 사뭇 그 방황의 바람을 잠재우고 동양적이면서도 한국적인 정신주의, 형이상학적 세계에 대한 천착 내지 그러한 세계에 대한 산책이라고 볼 수 있다. 그는 선인들의 정신세계에 빠져들면서 그들의 슬기를 배우고, 산책하고자 했고, 플라토닉한 연정을 노래하기도 했다. 남녀간의 연정은 그가 지긋한 나이를 먹어서도 달관하지 못하는 것이라 거리낌 없이 시로 노래했는데, 이런 데에서 그의 자유인으로서의 면면을 읽을 수 있다.

1980년 출간된 『서으로 가는 달처럼…』

1982년 출간된 『학이 울고 간 날들의 시』

1991년 출간된 『서정주 세계민화집』과
1993년 출간된 『우리나라 신선 선녀 이야기』

1993년 출간된 『늙은 떠돌이의 시』

2. 서정주의 시세계

신라의 어느 사내 진땀 흘리며
계집과 수풀에서 그 짓 하고 있다가
떠러지는 홍시에 마음이 쏠려
또그르르 그만 그리로 굴러가버리듯
나도 이젠 고로초롬만 살았으면 싶어라.

쏘내기속 청솔 방울
약으로 보고 있다가
어쩌면 고로초롬은 될법도 해라.

─「雨中有題」 전문

　신라의 어느 사내란 존재는 인간이 사로잡히기 마련인 오욕칠정에 해탈한 인물이다. 계집과 욕정을 풀다가도 홍시가 떨어지면 마음이 그곳으로 쏠려 그리로 굴러가 버린다. 아마 보통 사람 같으면 욕정을 계속 풀고자 했을 것이다. 그렇게 되면 그것은 집착이다. 색욕의 굴레에서 벗어나지 못하는 범부에 지나지 않는다. 시인은 지금까지 그렇게 살아왔다. 색욕과 식욕에 빠져 헤어나지를 못했다. 이순을 넘어선 지금 그는 이로부터 해탈을 꾀한다. 집착을 벗어나려고 한다. '그 짓'을 하다가도 홍시가 떨어지면 그리로 굴러가 버리는 정신적 자유를 얻고 싶은 것이다. 그의 생각으로는 그것이 가능할 것도 같다. 소나기 퍼붓는 속의 청솔 방울을 약으로 보고 있을 정도의 마음공부를 하게 되면 그렇게 될 법도 한 것이다. 시인이 얘기하고자 하는 것은 꼭 성욕에 국한된 것은 아니다. 나약한 인간이기에 갖게 되는 온갖 것들에 대한 집착, 그것은 사실 따지고 보면 미몽에 지나지 않는 것인데 시인을 비롯하여 인간들 모두가 그로부터 벗어나야 한다는 것이다. 이 시가 전하는 메시지는 거기에 있다. 그의 배움은 '신라의 어느 사내'뿐이 아니다. 그는 사물로부터도 삶의 예지를 얻는다.

> 곧장 가자하면 갈수없는 벼랑 길도
> 굽어서 돌아가기면 갈수 있는 이치를
> 겨울 굽은 난초잎에서 새삼스레 배우는 날
> 無力이여 無力이여 안으로 굽기만 하는
> 내 왼갖 無力이여
> 하기는 이 이무기 힘도 대견키사 하여라.
>
> ―「曲」 전문

난(蘭)이란 것이 어떤 식물인가? 칼같이 날카롭고 빼어난 잎새가 적당히 휘어져 있으나 꺾이지 않고, 청초하고 은은하며 사철 푸르른 모습을 지닌 것이 난이다. 그러기에 사군자(四君子)의 하나로 손꼽혀 왔다. 시인은 이 난초에서 '곡'(曲)의 철학을 배운다. '직'(直)이란 것이 지름길을 택할 때나 인간의 심성을 거론할 때 내세우게 되는 것이지만, 살다 보면 반드시 '직'만이 필요한 것은 아니다. 굽이굽이 돌아야 벼랑길을 갈 수 있듯이 경우에 따라 인간도 살아가는 방도가 곡선으로 이루어져야 할 때가 있다. 시인은 그 진리를 겨울 굽은 난초잎으로부터 배웠다. 실제로 시인의 현황은 안으로 굽기만 한다. 안으로 굽는다는 것은 여러 가지를 함의한다. 현실에 굴종하며 비굴해지기만 한다든가, 젊었을 때의 정열은 어디로 가고 적절한 타협만을 모색하려 한다든가, 여하튼 나이 들어 무력감에 빠져 있다. 하늘로 뻗어 올라가려는 용의 꿈은 사라지고 좌절과 한의 응어리인 이무기의 모습이 바로 시인의 모습이다. 그러나 그에겐 용의 기상은커녕 이무기의 힘만 지닌 것도 스스로 대견하다. 어려운 시대를 살아오면서 이만한 힘을 지닌다는 것도 쉬운 일이 아니라는 것을 알기 때문이다. 어떻게 보면 이 작품은 자신이 걸어온 길에 대한 변명인지도 모른다. 일제시대에는 창씨개명을 하며 친일을 했고, 군사 정권 때는 그 지도자를 찬양했던 자신의 삶을 두고, 인간이란 굽을 때는 적당히 굽을 줄도 알아야 그것이 풍류요, 한국적인 생명의 사는 힘으로 인식한 것이다. 이른바 '곡즉전'(曲卽全)의 지혜이다. 이러한 처세의 방도가 더욱 구체적으로 드러난 시가 「복(福) 받을 처녀」란 작품이다.

　　　　활 등 굽은 험한 山 콧배기를
　　　　山골의 急流 맵씨있게 감돌아 나리듯
　　　　難世를 사는 處女들 福있나니.

　　　　秋夕 달 밝은 밤도 더없이 슬기로워서
　　　　어느골목 건달의 손에도 그 머리의 댕기
　　　　잡히지 않고
　　　　재치있게 피할줄 아는 處女들은 福이 있나니.

　　　　밖에 나서서는 南녘의 대수풀 사운거리듯.
　　　　房에 들어선 蘭艸만양 점잖게 앉는
　　　　치운 겨울의 處女 더 福이 있나니.
　　　　　　　　　　　　　　　—「福받을 處女」전문

여기서의 '처녀'는 시집 안 간 여자를 지칭하기보다 순수하고 연약한 존재로 보는 것이 더 타당할 것이다. 이런 사람들이 난세를 사는 방법은 험준한 산의 계곡들을 산골의 급류가 굽이굽이 감돌아 내리듯 하는 것이다. 어느 골목의 건달들이 건드리더라도 틈을 주어 잡히거나 아예 외면하기보다 재치 있게 피하는 것이 화를 모면하는 지혜이다. 난세에는 여러 형태의 가해자인 '건달들'이 있을 수 있다. 그런 세상일수록 '처녀' 같은 존재는 올바로 살기 힘들다. 그때 취해야 할 자세가 '곡즉전'(曲卽全)이라는 것이다. 밖에서는 남녘의 대수풀 사운거리듯 요란하지 않고, 안에서는 난초처럼 기품 있게 점잖게 앉아 있는 생활 태도. 난세를 사는 '처녀' 같은 존재들은 이런 태도를 지니라고 시인은 이 시를 통해 말하고 있다. 이 시에서 '험한 산'이나 '어느 골목' '치운 겨울'은 처녀에게 닥치는 역경의 상징이다. 어느 평자는 미당의 이러한 완곡의 철학에 대하여 "굽음의 이존책(以存策)은 절대권력의 세계에서 눌리운 자들이 살아남을 수 있기 위하여 가져야 했던 현실주의"[19]라고도 말한다.

미당이 세계 여행길에 오른 것은 만 62세 되는 1977년 11월이었다. 그가 재직하는 동국대학교에서 여행중에도 남아 있는 식구들에게 월급을 주기로 하고, 여행 경비는 여행기를 게재하는 경향신문에서 맡기로 해서 1년 예정으로 떠났다. 그러나 1978년 9월까지 약 10개월 동안 그가 느낀 것은 외국 풍물에

---

[19] 김우창, 「미당 선생의 시」 시집 『떠돌이의 시』 발문 중에서.
송하선, 전게서, p. 161 재인용.

대한 시적인 흥취보다도 환멸이 더 많았다. 서양이 근대 이후 만들어 온 복잡한 과학 문명에 정신이 아찔하기만 하고, 뉴욕의 뒷골목에서 접하는 타락의 실상은 인간의 존엄성이나 도덕성과는 거리가 먼 것이었다. 그나마 외국 여인들의 건강하고 쾌활한 웃음이 감동을 자아낼 뿐이었다. 그 와중에 그는 문학의 기념비가 될 만한 곳을 들렀으며, 지금은 고인이 된 유명한 외국 작가들의 묘소에 참배했고, 그 경험을 시로 써 나갔다. 그러나 시적으로 승화된 작품들은 거의 없고 미당 나름의 감상에 그쳤다. 미당의 후기의 시세계가 이런 식으로 마감된다는 것은 아쉬운 감이 없지 않다. 그러나 만년에 그야말로 떠돌이로서의 자유를 만끽하고자 했던 그에게 또 다시 창작의 고통을 주문한다는 것은 무리이다. 그는 그 이전의 시적 업적만으로도 우뚝 솟은 시의 거봉(巨峰)이다.

경주 신라문화제 기념 사진(앞줄 가운데가 미당 서정주)

1983년 문학사상사 주최 창간 10주년 기념 도자, 시도전(詩陶展)을 준비중인 미당

1992년 『문학사상』 창간 20주년 기념식에서 축사를 하는 미당

2. 서정주의 시세계

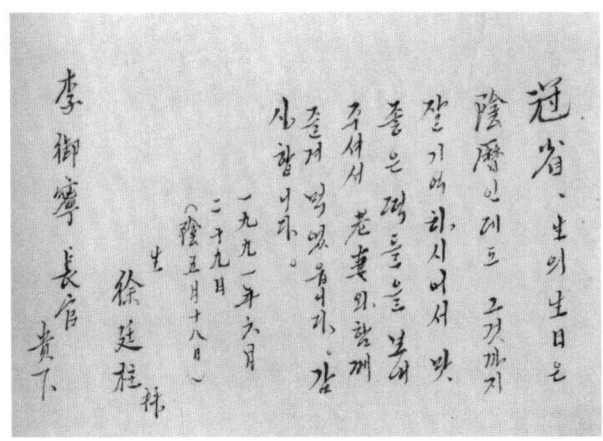

1991년 미당이
이어령 선생에게
보낸 육필 편지

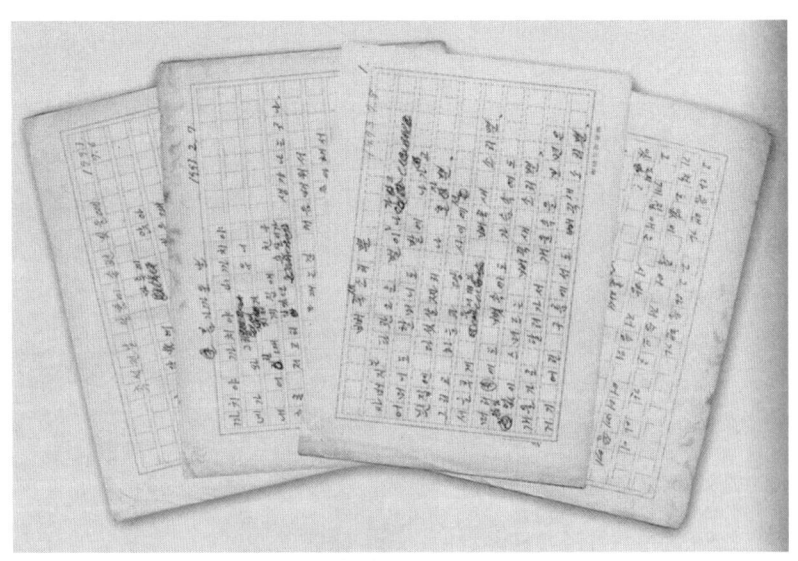

육필 원고

3

대표 작품 분석적 읽기

(1) 「화사」(花蛇)

麝香 薄荷의 뒤안길이다.
아름다운 배암…
얼마나 커다란 슬픔으로 태어났기에
저리도 징그러운 몸뚱아리냐.

꽃대님 같다.

너의 할아버지가 이브를 꾀여내든 達辯의 혓바닥이
소리 잃은 채 낼룸거리는 붉은 아가리로
푸른 하늘이다.…물어 뜯어라. 원통히 물어 뜯어,

달아나거라 저 놈의 대가리!

돌팔매를 쏘면서, 쏘면서, 麝香芳草ㅅ길 저 놈의 뒤를 따르는 것은

우리 할아버지의 아내가 이브라서 그러는 게 아니라
石油 먹은 듯…石油 먹은 듯…가쁜 숨결이야

바늘에 꼬여 두를까부다. 꽃대님보담도 아름다운 빛…

크레오파트라의 피 먹은 양 붉게 타오르는
고은 입설이다…스며라! 배암.

우리 순네는 스물난 색시, 고양이같이 고은 입설…스며라! 배암.

이 작품은 『시인부락』 2집(1936. 12)에 발표된 것이다. 『시인부락』이란 잡지는 미당 자신이 편집 겸 발행인이 되어 발행한 잡지로 1, 2집을 내고 폐간되었지만, 시사적 의의로 보나 그 발행 경위로 보나 미당에게는 의미 깊은 시지이다. 그는 1936년 ≪동아일보≫에 「벽」이 당선되고 나서 불교전문학교 동기인 함형수와 시지를 하나 낼 계획을 했고, 동인들을 모아 각자 10원씩 내어 발간비를 마련했다. 얄팍한 부피였지만 질이 좋은 아트지로 본문을 했고 표지는 계란 및 장비를 사용한 호화판이었다. 얄팍한 부피가 된 것은 제한된 발간비 때문이었다. 『시인부락』 1집에는 시사적으로 손꼽히는 시들이 실려 있는데, 예를 들면 함형수의 「해바라기 碑銘」, 서정주의 「문둥이」 「대낮」, 오장환의 「성벽」, 「정문」, 김달진의 「황혼」, 김상원의 「마을밤」 등이 그것이다. 2집에서는 미당의 「화사」가 단연 백미이다.

이 시의 발상은 아담과 이브의 신화에서 얻었다. 창세기 신화에서 보이는, 뱀의 유혹으로 인한 아담과 이브의 에덴동산에서의 추방. 인류의 조상인 그들이 뱀의 유혹을 이기지 못하여 선악과를 따먹고 그로 인한 벌로 낙원에서 추방되었다는 것은 인간이 태어나서 원죄로 인해 짊어지고 가야할 업고를 말해 주는 것이다. 뱀 역시 원죄로 인한 벌을 받기는 마찬가지다. 그는 아담과 이브를 유혹한 죄로 자신의 몸을 비벼 땅을 기어 다닐 수밖에 없는 운명에 처한다. 철저히 대지적 존재가 된 것이다. 그러나 징그러운 몸뚱이이지만 또 한편으로는 꽃대님보다도 아름다운 빛깔을 지녔다. 미와 추의 상반된 두 모습을 지닌 것이 뱀이다. 인간은 인간에게 닥칠 원죄의 형벌을 피하기 위해서라도 뱀을 쫓아야 한다. 그러나 인간이 뱀으로부터 자유로울 수 있을까? 그렇지 못하다. 쫓아야 할 존재가 뱀이라는 것을 알면서도 아름다운 모습을 한 뱀에 도취된다. 그것이 바로 인간이 지니는 한계이기도 하다. 원초적 본능으로 인해 원죄의 굴레로부터 벗어나지 못하는 것이 인간인 것이다.

　이 시에서 뱀에 대한 적극적인 추방 행위는 "다라나거라 저 놈의 대가리!" "돌팔매를 쏘면서 쏘면서"의 구절로부터 파악할 수 있다. 그러나 화자의 또 다른 면의 행위를 보게 되는데 그것은 "사향방초길 저 놈의 뒤를 따르는" 것이다. 이 이율배반적 행위를 어떻게 해석할 것인가? 인간은 죄를 짓지 말아야 한다는 것을 알면서도 관능적 쾌락과 육체적 욕망을 어찌할 수 없다. 시인은 뱀이란 사물을 통해 이것을 말하고자 했음이리라. 뱀의 아름다운 모습은 계속해서 묘사된다. "꽃다님보다도 아름다운 빛" "크레오파투라의 피 먹은 양 붉게 타오르는 고흔 입설"처럼. 그래서 심지어 "바늘에 꼬여 두를가

보다"라고 할 정도의 매력을 느낀다.

뱀에 대한 복합적 감정은 시의 말미에 이르러 '우리 順네'로 전이되고 있다. 순네는 시인이 마음을 두고 있는 여인이다. 그러나 현실적 여건이 그녀로부터 빠져서는 안된다. 사랑해서는 안될 여인이라든가 자신의 처지로는 사랑할 수 없는 여인인지 모른다. 그러나 20대 초반의 그가 "고양이같은 고흔 입술을 한 스물난 색시"를 포기하기엔 그가 지닌 젊음의 정열이 너무 강하다. 그러므로 차라리 뱀이 자신의 시야로부터 사라지길 바란다. "슴여라 배암!"을 거듭 외치는 것은 이 때문이다.

이 시는 몇몇 사람에 의해 보들레르의 「악의 꽃」의 영향을 받은 작품으로 평가되어 왔다. 물론 미당 자신이 보들레르로부터 사숙했다는 언급을 하였고, 이 시의 제목이자 소재가 된 '花蛇'라는 것이 앞서 언급했듯이 미와 추의 상반된 미의식의 결합어라는 점에서 '악의 꽃'이 지니는 "惡(추)+꽃(미)"과 일맥상통하는 점이 있기는 하지만, 영향 운운할 수는 없을 것 같다. 실제로 보들레르가 '악의 꽃'을 쓸 당시의 그의 여성적 경험과 미당의 여성적 경험은 상당한 차이가 있었다. 보들레르는 이미 18세 때 매독에 걸린 것을 형에게 고백하고, 19세 때 창녀 사라, 21세 때 흑인 창녀 잔느 뒤발을 사귈 만큼 조숙한 여성 편력을 지녔지만, 미당은 그렇지를 못했다. 이 사실은 그의 고백을 들어 보면 알 수 있다.

여자에 대해서는 나는 여전한 숙맥이었다. X라는 성을 가진 여류화가가 이곳에 와 한동안 있으면서 장발청년 나를 발견하고 그녀의 여관으로 놀러오라고 초대해 주었지만, 나는 그 서유럽 귀부인풍의 사치한 옷차림과 그 비단옷처럼 사치스런 살결과 내 기름때 묻은 학생복을 비교해 보곤 그 방문을 그만 단절하고 말았다. 반 고호라는 화가와 니체가 그렇게 역시 여자에 숙맥이었던가. 나도 아마 그랬던 모양이다.

—서정주, 미당 자서전 2, 민음사, 1994, p. 55

미당이 「화사」를 썼던 것은 해인사 원당이란 암자에 있던 어느 여름밤이었는데, 당시 그 근처 여관에 머물던 여류화가가 그를 초대했지만, 여자에 숙맥이었던 그는 그녀를 찾아가지 않았다. 그녀와 자신의 신분이나 처지의 차이가 너무 컸던 까닭이다. 그러나 어찌 혈기왕성한 그에게 갈등이 없었겠는가. '마음속의 도가니'에서는 펄펄 이성적 본능이 끓었지만 그것을 자제했던 것이다. 그리고 보면 「화사」에서 "석유 먹은 듯… 석유 먹은 듯 가쁜 숨결"을 지니면서도 '달아나라' '스며라'라고 뱀을 쫓은 화자의 행동이 어떤 심정에서 그렇게 유발되었는지 어느 정도 짐작이 된다. 하여튼 이때의 일이 시적 체험이 되었고, 실제로 그가 이 시를 쓴 것은 암자의 창틈으로 날아 들어온 박쥐 새끼 한 마리를 양말 깁기용 큰 바늘로 벽에 꽂아 놓고 여름에 구상해 오던 것을 술술 썼다고 하고 있다. 이를 보면 이 시를 보들레르의 「악의 꽃」과 연결시키는 것은 무리이다.

이 시의 진정한 가치는 대담한 시어의 사용과 시적 표현에서 찾아야 할 것이다. 미당의 「화사」가 나오기 이전까지 이만큼 원색적이며, 관능적이고, 직설적인 표현은 찾아보기 힘들다. 인간의 원초적 본능에 대한 갈등을 주제로 다룬 것도 시문학파나 모더니즘파와는 또 다른 차원의 시의 지평을 열었다는 점에서 그 의의를 지닌다.

(2) 「영산홍」(映山紅)

    영산홍 꽃 잎에는
    山이 어리고

    山자락에 낮잠 든
    슬푼 小室宅

    小室宅 툇마루에
    놓인 놋요강

    山 넘어 바다는
    보름 살이 때

    소금 발이 쓰려서
    우는 갈매기

이 시는 5연 10행의 짧은 형식 속에 많은 이야기를 담고 있는 시이다. 쉽게 간파되듯이 이 시의 시적 주인공은 소실댁이다. '소실'이란 존재는 대개 비극적 운명을 지니게 마련이다.

정실 부인의 시기와 질투, 사회적 냉대 등으로 인해 소외된 인간이 소실이다. 이 시의 주인공 역시 예외는 아니다. 그녀가 얼마나 외로운 삶을 살았는가는 "소실댁 툇마루에 / 놓인 놋요강"이 잘 말해 주고 있다. '툇마루'는 그녀가 거처했던 방이 구석진 곳의 작은 방이었음을 암시하고, 그 마루에 놋요강을 놓은 것으로 보아 그녀 혼자서 살았음을 알 수 있다. 요강이란 물건은 아녀자가 남들 눈에 띄지 않게 두는 것이 상례인데, 툇마루에 그대로 놓여 있다는 것은 그녀 주위에 사람이 없었기 때문이다. 그러면 그녀는 어떻게 되었는가? 산자락에 낮잠이 들었다. 물론 이 구절을 산에 오르다 피곤하여 낮잠이 든 것으로 받아들여서는 곤란하다. 그렇게 해석하면 다음 행의 "슬픈 소실댁"과 잘 호응이 되지 않는다. 소실이 무슨 연유로 죽어 산자락에 묻힌 것이다. 아마도 일생을 외롭게 살다 젊은 나이에 한 많은 삶을 마감한 것인지 모른다. 젊은 나이에 죽었다는 것은 이 시의 제목 '영산홍'과 결부시켜 볼 때 그러한 해석이 가능하다. 영산홍은 진달래과의 상록 관목의 식물로 5~7월에 담홍색의 작은 꽃을 피운다. 담홍색의 작은 꽃과 같은 모습을 한 것이 소실댁이기에 시인은 영산홍으로부터 그녀를 떠올렸다. 그러므로 그녀는 자그마한 몸매를 지닌 젊은 여인으로 추정되는 것이다.

 제4, 5연에서는 소실댁으로부터 바다의 갈매기로 시점이 이동되었다. 이 부분에서 해석의 어려움을 겪는 것은 '보름 살이'란 어휘이다. '보름 살이'는 '보름사리'로 보는 것이 타당하다. 그렇다면 '보름사리'는 무슨 뜻일까? 이것은 "음력 보름 때 밀려드는 만조 바닷물"을 뜻한다. 이때 바다의 수위가 가장 높게 마련이고, 바닷물이 해안으로 밀려드는 것이다. 크게 밀려들기 때문에 해안에 있던 갈매기의 발은 바닷물에 젖기 마련이다. 소금기에 젖는 것이다. 그런데 소금 발에 쓰려서 운다고 했다. 이것은 갈매기 발에 상처가 난 것으로 해석된다. 그 상처에 소금기가 닿아 쓰린 것이다. 멀쩡한 발이었다면 아무리 바닷물이 발을 적셔도 쓰릴 리가 없다. 그렇다면 결국 '상처를 입은 갈매기'로 볼 수 있고, 그 갈매기는 소실댁과 동일성을 지니는 것이다. 또한 '소금'이란 것도 '소금길'이 쓰리고 아린 길, '소금바람'이 짜고 억센 바람으로 고난의 삶을 상징하듯 그 단어 자체에 고난의 뜻이 함의되어 있다. 상처 입은 존재가 고난을 당하여 울 수밖에 없는 것이다. 이상에서 볼 때 갈매기의 울음은 한 많은 삶을 살다가 이른 나이에 죽은 소실댁을 슬퍼해서 우는 것이라고 유추해 볼 수 있다.

(3) 「해일」(海溢)

바닷물이 넘쳐서 개울을 타고 올라와서 삼대 울타리 틈으로 새어 옥수수밭 속을 지나서 마당에 흥건히 고이는 날이 우리 외할머니네 집에는 있었읍니다. 이런 날 나는 망둥이 새우 새끼를 거기서 찾노라고 이빨 속까지 너무나 기쁜 종달새 새끼 소리가 다 되어 알발로 낄낄거리며 쫓아다녔읍니다만, 항시 누에가 실을 뽑듯이 나만 보면 옛날이야기만 무진장 하시던 외할머니는, 이때에는 웬일인지 한 마디도 말을 않고 벌써 많이 늙은 얼굴이 엷은 노을빛처럼 불그레해져 바다쪽만 멍하니 넘어다보고 서 있었읍니다.
　그 때에는 왜 그러시는지 나는 아직 미처 몰랐읍니다만, 그분이 돌아가신 인제는 그 이유를 간신히 알긴 알 것 같읍니다. 우리 외할아버지는 배를 타고 먼 바다로 고기잡이 다니시던 漁夫로, 내가 생겨나기 전 어느 해 겨울의 모진 바람에 어느 바다에선지 휘말려 **빠져** 버리곤 영영 돌아오지 못한 채로 있는 것이라 하니, 아마 외할머니는 그 남편의 바닷물이 자기집 마당에 몰려 들어오는 것을 보고 그렇게 말도 못 하고 얼굴만 붉어져 있었던 것이겠지요.

　이 시는 1972년 3월 『현대문학』지에 발표되었다. 미당은 이 시와 같은 이야기 구조를 지닌 「외할머니네 마당에 올라온 해일」을 1963년 7월 『현대문학』지에 발표한 적이 있다. 이때 발표된 시는 시인이 '소네트 시작(試作)'이란 부제를 달았듯이 전체 14행, 1행이 14자로 구성된 작위적 형식의 시였다. 그 전문(全文)을 보면 다음과 같다.

　　　외할먼네 마당에 올라온 海溢(해일)엔요.
　　　예쉰살 나이에 스물한살 얼굴을 한
　　　그리고 천살에도 이젠 안 죽기로 한
　　　신랑이 돌아오는 풀밭길이 있어요.

　　　생솔가지 울타리, 옥수수밭 사이를
　　　올라오는 海溢 속 신랑을 마중 나와
　　　하늘 안 천길 깊이 묻었던걸 파내서
　　　새각시때 연지를 바르고, 할머니는

다시 또 파, 무더기 웃는 청사초롱에
불 밝혀선 노래하는 나무나무 잎잎에
주절히 주절히 매여달고, 할머니는

갑술년이라던가 바다에 나갔다가
海溢에 넘쳐오는 할아버지 魂身 앞
열아홉살 첫사랑쩍 얼굴을 하시고

　이 시는 김종길과의 논쟁으로도 유명한 시이다. 김종길은 제3연 제3행의 "주절히 주절히 매여달고"의 목적어가 없다고 지적하면서 아무리 시인의 상상력의 소산인 시라 할지라도 이보 윈터즈가 말한 이성적 구조를 갖출 필요가 있음을 주장했다. 이에 대해 미당은 '매여달고'의 목적어는 '청사초롱'인데 무엇이 이해가 안 되느냐고 반박을 했다. 이 논쟁은 김종길이 시를 완전히 파악하지 못한 데에서 파생된 것으로써 미당의 해명이 옳은 것으로 판명이 되었다. 문제는 그가 9년이 지난 후에 왜 다시 형식을 바꿔 산문체로 이 시를 썼는가 하는 것이다. 이에 대해서는 다음과 같은 추측이 가능하다. 즉 미당 자신이 「외할머니네 마당에 올라온 해일」과 같은 자유시 형식으로는 자신이 체험한 내용을 완전히 전달할 수 없다고 판단했기 때문일 것이라는 것이다. 더구나 그는 소네트 형식에 맞춰 시를 썼기 때문에 전달하고자 하는 바를 전부 담을 수는 없었을 것이다. 하여튼 이 시는 그 이전의 시에 비해 몇 가지 새로운 정보를 독자들에게 제공하고 있다. 우선 시적 화자 '나'가 표면적으로 등장한다는 것이다. '나'는 바닷물이 올라올 때 망둥이 새끼를 찾느라고 쫓아다닌 철없던 어린 시절의 '나'와, 외할머니가 돌아가신 후 외할머니의 얼굴이 왜 불그레해졌는가를 알 만한 나이가 된 성숙된 '나', 두 모습이 제시된다. 이 '나'의 존재를 통해 시인은 외할머니의 행동을 자연스럽게 서술한다. '나'는 외할머니의 지순한 정절과 사랑의 자세를 깨우치면서 인간적인 성숙을 한다. 시인이 '나'를 깨우치는 것은 곧 독자를 깨우치는 것이다. 또 이 시를 통해「외할머니네 마당에 올라온 해일」이란 시에서 미처 간파하지 못한 사실을 구체적으로 알게 된다. 왜 마당에 넘쳐온 해일을 보고 외할머니가 부끄러운 얼굴을 했는가, 외할아버지는 어떻게 죽었는가, 외할머니가 남편이 죽은 후에 바다를 어떤 대상으로 인식했는가 등을 파악하게 되는 것이다.

　시의 내용을 보면 우선 이 시에서 바다는 자기 남편이 고기잡이 나가서 바다에서 빠져 죽었기에 죽음의 바다, 허무의 바다로 할머니에게 인식되어 왔다. 그러나 그 바다는 그 무한한 깊이 속에 할아버지가 죽어서나마 존재해 있기에 할머니에겐 죽은 남편의 육신으로 동일화되어 언제나 할머니의 의식 속에 자리잡고 있었다. 그러던 어느 날 바닷물이 넘쳐들었던 것이다. 외할아버지가, 자기 남편이 온 것이다. 할머니는 그예 부끄러워 말도 못하고 얼굴만 붉어지고 말았던 것이다. 이 외할머니의 부끄러움은, 보이지 않는 사랑이라는 것이 보이는 육신과의 접합에서 확인이 되는 것이라고 볼 때, 보이지 않는 남편의 혼령하고나 접하고 살아 피부로 느낄 수 없었던 외할머니의 사랑이, 남편의 육신이 넘쳐드는 바닷물로 외할머니에게 들이닥침으로써 실로 오랜만에 사랑을 느낀 데서 오는 부끄러움이다. 이는 실로 사랑이란 것이 현세에서 육신과 육신의 격리로 끝나는 것이 아니고 혼과 혼, 육신과 혼의 인연적 조우로서 영속된다는 미당의 영생적 정신주의, 그의 사랑의 대위법인 것이다.

(4) 「행진곡」(行進曲)

　　　　잔치는 끝났드라. 마지막 앉어서 국밥들을 마시고
　　　　빠알안 불 사루고,
　　　　재를 남기고,

　　　　포장을 거드면 저무는 하늘.
　　　　이러서서 主人에게 인사를 하자.

　　　　결국은 조끔ㅅ식 醉해 가지고
　　　　우리 모두다 도라가는 사람들.

　　　　목아지여
　　　　목아지여
　　　　목아지여
　　　　목아지여

　　　　멀리 서 있는 바다ㅅ물에선
　　　　亂打하여 떠러지는 나의 鍾ㅅ소리.

이 시는 1940년 ≪조선일보≫ 폐간 기념호를 위한 기념시이다. 미당이 『시인부락』 동인 중 한 사람인 임대섭과 방랑에 가까운 여행을 하고 돌아오니 집에 엽서 한 장과 전보 한 장이 와 있었는데, 기념시 원고 청탁서와 독촉 전보였다. 그러나 그가 늦게 받아 보아 이미 기념호가 나올 날짜가 지나, 미당의 처지가 잔치가 끝난 자리에 가서 혼자 불사른 재나 밟고 서 있는 꼴이었다. 그러나 늦은 대로 그는 기념시를 썼다. 물론 이 기념시는 어디에도 실을 수가 없었다. 그러므로 위의 시를 "해방의 기쁨과 함께 새로운 의욕으로 가득히 넘치는 시인의 심정적 세계가 잘 펼쳐지고 있는 작품"이라고 평가하는 것은 잘못된 것이다. "벌받는 형장에서 그 수형을 끝내고 돌아가려는 시인의 기막히고 서글픈 모습"으로 보는 것도 사실과 거리가 멀다. 이 시의 독법은 잔치를 실제 시골에서 차려 놓은 잔치로 생각하는 것이 올바른 것이다. 누구나 잔칫집에 한 번쯤은 가 보아 잘 알겠지만 잔치가 끝날 때는 분위기가 허전하기 마련이다. 고기며, 술이며, 거나하게 들고 마지막엔 국밥들을 먹는다. 그리고 잔치의 잔존물인 허접쓰레기들을 모아 빠알갛게 태우고 그 자리에는 재만 남는다. 잔치를 위해 쳐 놓은 포장도 걷게 되면 어느덧 날은 저물고 있다. 이제 차례는 오늘의 잔치를 연 주인에게 잘 먹었다는 인사를 하는 것이다. 그리고는 취한 채로 각자 집으로 돌아간다. 그것이 일반적인 시골 잔치의 과정이다. 김기림이 미당에게 기념호에 실릴 기념시를 써 달라고 했으니 미당의 생각으로는 폐간 기념호도 잔치 마당에 다름 아닌 것이요, 거기에 결국 끼지 못했으니 잔치가 다 끝난 후에 가서 서 있는 꼴이다. 그러나 어차피 잔치는 언젠가는 끝나게 마련이고, 누구나 돌아가야 한다. 미당이 늦었다고는 하나 ≪조선일보≫의 폐간은 제대로 시간을 맞춘 사람이나 늦은 사람이나 다 같이 허전하기는 마찬가지다. 더구나 1940년 즈음에는 미당이 정신적인 방황을 하던 때이고, 경제적으로도 어렵던 때이다. 개인적으로나 사회적으로 전망 부재의 상태이다. 그래서 시인은 외치고 있다. "목아지여 / 목아지여 / 목아지여 / 목아지여"라고. '목'의 비어인 '목아지'(표준어는 '모가지')를 사용한 것은 우리 모두 인간답게 살지 못하고 간신히 목숨 하나 부지하며 사는 신세라는 것을 나타내기 위함이리라. 시인의 거듭된 외침은 현실 상황에 대한 탄식의 절규로 볼 수 있다. 이 시는 결국 시인의 절망적인 심정의 은유로 볼 수 있는 "난타하여 떠러지는 나의 鍾ㅅ소리"로 끝을 맺는다.

(5) 「학」(鶴)

  千年 맺힌 시름을
  출렁이는 물살도 없이
  고은 강물이 흐르듯
  鶴이 나른다

  千年을 보던 눈이
  千年을 파다거리던 날개가
  또 한 번 天涯에 맞부딪노나

山덩어리 같어야 할 忿怒가
草木도 울려야할 서름이
저리도 조용히 흐르는구나

보라, 옥빛, 꼭두선이,
보라, 옥빛, 꼭두선이,
누이의 수틀을 보듯
세상은 보자

누이의 어깨 넘어
누이의 繡틀속의 꽃밭을 보듯
세상은 보자

울음은 海溢
아니면 크나큰 祭祀와같이

춤이야 어느땐들 골라 못추랴
멍멍히 잦은 목을 제쭉지에 묻을바에야
춤이야 어느 술참땐들 골라 못추랴

긴 머리 자진머리 일렁이는 구름속을
저, 우름으로도 춤으로도 참음으로도 다하지못한 것이
어루만지듯 어루만지듯
저승결을 나른다

 학이란 어떤 새인가? 선비와 같은 고결함을 지닌 새이다. 가냘픈 다리와 목을 지녔으면서도 현실을 벗어난 초연한 모습을 지닌 새이다. 그 새의 비상을 통해 시인은 현실의 비극과 고통을 치유할 수 있는 태도를 발견한다. 주저함도 없이 그 넓은 날개를 쫙 펼치며 하늘을 나는 학의 비상을 상상해 보라. 초탈 그 자체다. 사실 학은 "또 한번 천애(天涯)에 맞부딪노나"에서 알 수 있듯이 여러 차례 좌절과 절망과 슬픔을 겪었다. 그러나 그로 인한 "산(山)덩어리 같어야 할 분노(忿怒)" "초목(草木)도 울려야할 서름"도 안으로 삭이고, 조용히 물 흐르듯 날아간다. 인내와 관조로 모든 역경을 극복하고 지금 지상적인 제약을 벗어나 천상을 향하고 있다. 시인은 이러한 학의 자세에서 어떻게 어려운 이 세상을 살아갈 것인가를 배운다.

시인이 세상을 보는 태도를 배우는 것은 학만이 아니고 누이를 통해서이기도 하다. 누이는 수틀 위에 수를 놓으면서 삶의 고통을 걸러내고 있다. 차분하고 조용히 한 땀 한 땀 바늘이 들어가고 나오면서 꽃밭이 만들어진다. 아름다운 세계가 완성되는 것이다. 그런 점에서 누이는 학과 같은 존재이기도 하다. 수틀 속의 꽃밭에 있는 식물은 꼭두서니이다. 가시가 있고 넝쿨로 자라는 꼭두서니. 그러나 옥빛을 띠우고 아름다운 꽃을 피우는 것을 보면 우리 인간도 역경의 가시밭길 속에서, 헤쳐나오기 힘든 넝쿨 속에서, 아름다운 삶을 완성해야 하는 것은 아닐까. 그러기에 시인은 그 꼭두서니를 보라고 거듭 외친다. "세상을 보라"고 하지 않고 "세상은 보자"라고 '은'이란 절대적 조사를 쓴 것은 시인의 의지를 강조하기 위함이다.

울음은 아무때나 우는 것이 아니다. 벅찬 감정을 참다못해 해일처럼 넘쳐 나올 때, 아니면 크나큰 제사 때나 우는 것이다.

춤 역시 마찬가지다. 술을 마시게 되는 여러 번의 기회 중 어느 때를 골라서 추면 되는 것이다. 그러므로 '멍멍히 잦은 목'을 제 쭉지에 묻을 필요가 없다. 다시 말해 슬픔에 함몰될 필요가 없는 것이다. 대신 긴 머리 자진머리 일렁이는 구름 속과 같이 굴곡 많은 세상을 떠나 모든 것을 훌훌 털고 학처럼 훨훨 날아가면 된다. 그것이 시인이 바라는 바이다.

(6) 「귀촉도」(歸蜀途)

눈물 아롱 아롱
피리 불고 가신님의 밟으신 길은
진달래 꽃비 오는 西域 三萬里.
흰옷깃 염여 염여 가옵신 님의
다시오진 못하는 巴蜀 三萬里.

신이나 삼어줄ㅅ걸 슲은 사연의
올올이 아로색인 육날 메투리.
은장도 푸른 날로 이냥 베혀서
부즐없은 이머리털 엮어 드릴ㅅ걸.

초롱에 불빛, 지친 밤 하늘
구비 구비 은하ㅅ물 목이 젖은 새,
참아 아니 솟는가락 눈이 감겨서
제피에 취한새가 귀촉도 운다.
그대 하늘 끝 호올로 가신 님아

이 시는 님과의 영원한 이별, 즉 죽음에 시적 모티브를 두고 있다. 님에 대한 화자의 심정은 문자 그대로 회한이다. 더구나 너무도 사랑하는 님을 잃었기에 그 회한의 심도는 깊다. 님이 가신 길을 "진달래 꽃비 오는"이라고 표현한 것만 보더라도 화자가 님을 얼마나 사랑했던가를 짐작할 수 있다. 화자는 님이 가신 곳이 진달래꽃이 비처럼 쏟아져 내리는 그런 아름다운 곳이리라 생각한 것이다. 그러나 그곳은 다시는 돌아오지 못하는 머나먼 곳이다. '삼만리'란 화자의 심정적 거리로써 재회의 절대적 불가능성을 암시하고 있다.
　그러면 님과의 영원한 이별인데 화자는 님에게 무엇을 했던가? 아무것도 해준 것이 없다. 무언가를 해주었다면 이렇게 한이 남지 않았을 터인데 이승과 저승 간의 하직을 하면서도 그냥 보내고 말았다. 그러기에 신을 삼아줄 것을 그랬다는 후회를 하게 된다. 신은 정표의 상징이다. 신 중에서도 메투리는 으뜸으로 여기는 신이고, 메투리 가운데에서도 가장 아름다운 조선의 신발이 육날 메투리이다. 그 육날 메투리를 왜 삼아 주지 못했는가 하는 한탄이 제2연의 내용이다. 그러면 육날 메투리를 무엇으로 엮는가? 머리털로 엮는다고 했다. 머리털은 님이 가신 후에는 아무런 소용이 없는 것이다. 옛부터 머리털은 남녀를 막론하고 소중한 것이다. 부모에게 물려받은 것이라 목은 잘라도 머리털은 자를 수 없다고 단발령 때 유생들이 반발한 것도, 상투를 틀고 머리를 얹을지언정 자르지 않은 것도, 모두 머리털이 얼마나 소중한 것인가를 보여준다. 특히 여성에게 머리털은 생명과 같은 것이다. 그러나 님을 이승에서 하직했는데 머리털이 무슨 소용이랴. 부질없을 뿐이다. 그래서 그 머리털로 신을 삼아 거기에다가 슬픈 사연을 올올이 새기겠다는 것이다. 머리털을 자르는 도구도 은장도이다. 은장도는 여성이 자신의 정절을 지키기 위해 가슴 속에 품고 다닌 칼이다. 그 칼로 머리털을 자르겠다는 것은 님에 대한 일편단심을 나타낸다. "이냥 베혀서"는 머리털을 자르는 데 있어 망설임이 없음을 보여준다.

  제3연에서 님은 귀촉도와 동일화된다. 귀촉도는 일명 두견새이다. 고국 촉나라로 돌아갈 수 없는, 한 충신의 원혼이 새로 되었다는 전설을 안고 있는 새이며, 새 이름도 촉나라로 돌아가고 싶다는 뜻에서 그렇게 붙여졌다. 우리나라에서는 소쩍새, 접동새, 자규, 불여귀 등 여러 이름으로 불린다. 화자에게는 이 새의 울음이 하늘 끝 호올로 가신 님의 울음으로 들린다. 목이 젖을 만큼 저승으로 떠나는 길이 슬펐으리라. '호올로'란 어휘에서는 왜 나를 두고 혼자 갔느냐는 화자의 원망을 감지할 수 있다.

  이 작품이 쓰여진 시기는 1936년이다. 미당 스스로의 언급에 의하면 불교 전문학교 동창인 최금동이 「애련송」(哀戀頌)이라는 시나리오를 쓰면서 거기 삽입할 시 한 편을 써 달라기에 써 주었던 시이다. 1936년이라면 『화사집』에 실린 시들과 창작 연대가 비슷하다. 그러나 시적 분위기는 『화사집』에 실린 시들과 사뭇 다르다. 이 작품이 1943년 『춘추』지에 다시 발표된 것은 첫 시집의 시들과 구별지으려는, 시인의 적절한 의도였는지 모른다.

(7) 「추천사」(鞦韆詞)

— 春香의 말 壹 —

香丹아 그넷줄을 밀어라
머언 바다로
배를 내어 밀듯이,
香丹아

이 다수굿이 흔들리는 수양버들 나무와
벼갯모에 뇌이듯한 풀꽃뎀이로부터,
자잘한 나비새끼 꾀꼬리들로부터
아조 내어 밀듯이, 香丹아

珊瑚도 섬도 없는 저 하늘로
나를 밀어 올려다오.
彩色한 구름같이 나를 밀어 올려다오
이 울렁이는 가슴을 밀어 올려다오!

西으로 가는 달 같이는
나는 아무래도 갈수가 없다.

바람이 波濤를 밀어 올리듯이
그렇게 나를 밀어 올려다오
香丹아.

이 시는 우리의 고전소설 「춘향전」의 주인공인 춘향을 화자로 등장시킨 작품이다. 시인이 그녀의 입장이 되어 자신의 심경을 토로한 것이라 할 수 있다. 춘향은 현실적인 제약으로 사랑하는 대상과 자유롭게 사랑을 할 수 없는 존재이다. 그러므로 그녀의 꿈은 이 답답한 현실로부터 벗어나는 것인지 모른다. 이 시의 제목이 되는 '추천'은 그네를 뜻하는 것으로 지상을 벗어나려는 동기를 유발한다. 땅을 박차면서 하늘을 향해 오르는 것이 그네이기 때문이다. 그러므로 그녀는 몸종인 향단이에게 부탁을 한다. 먼 바다로 배를 내어 밀듯이 나를 밀어 올려달라고. 수양버들 나무와, 풀꽃뎀이와, 나비새끼 꾀꼬리들은 그네를 타면서 그녀의 눈에 띄는 대상들이다. 지상적인 존재물이다. 그로부터 "아조 내어 밀듯이" 밀어 올려달라고 부탁을 한다. '아조'라는 어휘에서 그녀가 이들로부터 벗어나려는 단호한 태도를 파악하게 된다. 그래서 가고자 하는 곳은 어디인가? "산호도 섬도 없는 저 하늘"이다. 망망하고 푸른 공간을 따지자면 바다란 공간도 있을 것이다. 그러나 바다는 섬도 있고, 바다 밑에 산호도 있어 그들이 거리낌 없이 자유롭게 가려는 그녀에게 장애물이 된다. 그러나 하늘은 그야말로 무장무애이다. 하늘로 가는 모습은 어떠해야 하는가? '채색한 구름'과 같아야 한다. 아름다워야 하는 것이다. 그래야만 님으로부터 사랑을 받을 수 있다. 또한 몸뿐만 아니라 '울렁이는 가슴'인 마음도 밀어 올려달라고 한다. 얼마나 그녀는 님에 대한 사랑으로 가슴이 울렁거렸는가? 그러나 현실적인 제약은 지상에서 '울렁이는 가슴'을 마음껏 풀지를 못했다. 그러므로 지상을 벗어나 아무런 구애를 받지 않는 하늘에서 님에게 울렁이는 마음을 풀어 놓으려는 것이다. 그녀는 이어서 '서(西)으로 가는 달'과 자신을 비교한다. 그 달처럼 갈 수는 없다고 한다. 이것은 무슨 뜻인가? 달은 굳이 밀어 올리지 않아도 서쪽으로 가게 마련이다. 유유하게 그야말로 구름에 달 가듯이 간다. 그러나 춘향은 그렇지를 못하다. 빨리 지상적 제약을 벗어난 곳에 가서 님을 마음껏 사랑하고 싶다. 울렁이는 가슴이 한시의 지체도 허용을 않는 것이다. 혹자는 달이란 자연물과 춘향이란 인간을 대비하여 인간으로서 느끼는 한계를 표명한 것이라고 하지만, 밀어 올려달라고 거듭 부탁하는 춘향의 심정을 헤아릴 때 이런 식의 해석이 오히려 자연스럽다. 끝 연에서 화자는 "바람이 파도를 밀어 올리듯이"라고 '파도'를 등장시킨다. '파도' 역시 그 거센 솟구침이 하늘을 향한 지향으로 인식되기 때문이다. 그러나 궁극적으로 춘향이 하늘로 올라갈 수 있는가? 없다. 그네는 어느 정점까지 올라가서는 다시 제자리로 돌아오게 마련이다. 파도도 그 점에서는 마찬가지다. 그러므로 춘향이 바라는 바는 애초부터 한계점을 지니고 있다. 그녀는 결코 "산호도 섬도 없는 하늘"로 갈 수가 없는 것이다. 우리는 여기서 시인의 낭만적 아이러니를 발견하게 된다.

(8) 「국화(菊花) 옆에서」

  한송이의 국화꽃을 피우기위해
  봄부터 솥작새는
  그렇게 울었나보다

한송이의 국화꽃을 피우기위해
천둥은 먹구름속에서
또 그렇게 울었나보다

그립고 아쉬움에 가슴 조이든
머언 먼 젊음의 뒤안길에서
인제는 돌아와 거울앞에 선
내 누님같이 생긴 꽃이여

노오란 네 꽃닢이 필라고
간밤엔 무서리가 저리 내리고
내게는 내게는 잠도 오지 않었나보다

 이 시는 미당이 40대 여인의 미(美)의 영상을 읊은 것이다. 30대가 넘어선 그에게 40대 중년 여인의 원숙미는 새롭게 다가왔고, 그는 정일(靜溢)한 여인의 모습을 마음속에만 담고 시로 표현하지 못하고 있다가 1947년 가을 어느 해 어스름 때 문득 그의 눈이 정원의 한 그루 국화꽃에 머물게 되자 시로 형상화할 수 있었다. 이것이 가능했던 것은 "민족적으로, 개인적으로 겪을 만한 것을 겪은, 그래서 인생과 사물을 젊은 날의 그것과는 다른 눈으로 바라볼 수 있는 나이에 이르렀기 때문"이라고도 볼 수 있다.
 이 시의 중심 소재는 잘 알다시피 '국화'이다. 국화는 가을에 피는 꽃이다. 그러나 생각해 보면 가을에 느닷없이 핀 것이 아니요, 봄에 소쩍새의 울음을 거쳐서, 여름에는 먹구름속에서 우는 천둥소리를 들으며, 가을밤의 맑은 서리를 맞고

피었다. 다시 말해 지나는 계절의 이런 저런 우여곡절을 겪으며 견뎌 비로소 가을에 국화꽃이 핀 것이다. 그러니까 한 송이의 꽃이 핌도 우주적 인연과 개화의 어려움이 있었던 것이다. 물론 이같은 생각의 기저에는 그가 관심을 두고 있던 불교의 인연설이 놓여 있다.

국화가 봄, 여름, 가을의 시련을 견디고 핀 꽃이라면, 한 여인의 경우 어떤 여인이 국화꽃에 비유될 수 있을까? 40대 중년의 여인이 그에 해당된다. 철모르는 10대, 발랄한 젊음의 20대, 열정적인 30대를 거치면서 어느 정도 삶의 경험을 한 여인, 그러나 아직은 늙지 않은 아름다움을 간직한 여인. 그것이 40대의 여인이다. 국화꽃의 은은한 아름다움은 바로 40대 여인에게서 느낄 수 있는 원숙한 아름다움과 같다. 그녀에게는 그립다든가 아쉬워서 가슴 졸이는 일이 없다. 그것은 이미 머언 먼 젊음의 뒤안길에서나 찾아볼 수 있는 감정이다. 이제는 거울 앞에서 자기를 조용히 성찰하는 자세를 취하고 있다. 국화는 꼭 그런 중년 여인의 모습과 닮았다.

이 시는 미당의 대표시이자, 아마도 김소월의 「진달래꽃」만큼이나 독자에게 애송되는 시일 것이다. 애송되는 이유는 국화와 중년 여인을 결부시킨 데 있는 것이 아니라, 한 송이의 국화꽃이 탄생하기까지 우주의 섭리와 자연의 순환이 있었다는 시인의 철학적 인식을 독자들이 높이 샀기 때문이 아닌가 한다. 중년 여인의 원숙미를 노래했다고 하더라도 그 자체만을 내세웠다면 이 시의 매력은 반감되었을 것이다. 그게 아니고 그러한 아름다움이 탄생하기 위해서는 얼마나 많은 인고의 세월과 풍부한 경험이 있어야 하는가를, 어느 면에서는 생명의 신비로움과 존엄성을 이 시가 노래하고 있기 때문일 것이다.

(9) 「동천」(冬天)

    내 마음 속 우리님의 고은 눈섭을
    즈문밤의 꿈으로 맑게 씻어서
    하늘에다 옴기어 심어 놨더니
    동지 섣달 나르는 매서운 새가
    그걸 알고 시늉하며 비끼어 가네

이 시는 1966년에 발표된 작품이다. 미당이 지천명의 나이에 접어들었을 때이다. 그의 말에 의하면 그는 겨울이 되면 공덕동 집에서 과히 멀지 않은 서강의 얼어붙은 한강가의 언덕으로 자신을 달래며 아침마다 눈길을 헤매 가곤 했는데, 이 시의 시상이 떠오른 것도 이런 겨울의 서강에서의 아침 산보 속에서였다고 한다. 그때 그의 머리 위에서 날던 새와 그와의 상봉은 님과 연결이 되고, 이어서 이 시 착상의 모티브가 되었다.

첫 행의 "내 마음 속 우리님의 고은 눈섭"이란 시적 화자가 님을 오랫동안 가슴 속에 사모하고 있었고, 그 사모의 정이 집약된 형체가 눈썹이다. '아미'(蛾眉)라는 말이 있듯이 예로부터 아름다운 눈썹은 미인이 갖추어야 할 필수적인 요소였다. 시적 화자도 잊지 못할 님에게서 인상적으로 남은 부분이 눈썹이다.

다음 행에서 화자는 이 눈썹을 꿈으로 맑게 씻는 행위를 한다. 그것도 '즈문', 즉 천 날 밤의 꿈을 통해서이다. 이 정도의 사랑이라면 이미 육신적인 사랑의 경지를 넘어 정신적인 사랑의 경지에 들어섰다고 볼 수 있다. 화자의 님에 대한 절대화요, 순수한 님의 정립을 시도하는 것이다. 하루나 며칠 밤이 아니요, 천 날에 이르는 수많은 시간 동안 맑게 씻은 눈썹은 분명 그냥 눈썹은 아니다. 정화의 극치를 보이고 있는 눈썹이다. 그 눈썹을 화자는 하늘에다 옮기어 심어 놓는다. 사랑은 이제 지상의 모든 것을 초월하여 천상을 향하고 있다. 물론 이때의 눈썹이란 겨울 맑은 하늘에 뚜렷이 빛을 발하고 떠 있는 그믐달이나 초승달을 겨냥한 것이리라. 그 달이 님의 눈썹으로 동일화된 것이다. 그런데 동지섣달 추운 때에 하늘을 나는 새가 그 모습을 흉내내어 날고 있다. 미적 완성체를 새도 닮고자 하는 것이다. 화자의 순수한 행위가 자연물에게도 감동을 준 것이다.

　화자와 님의 관계를 생각하면 지상에서는 그 사랑이 이루어지지를 않았다. 그러기에 님은 현실 속에서의 님이 아니요, 마음속의 님이었다. 그러나 너무도 사랑을 한 나머지 화자는 밤마다 님의 꿈을 꾼다. 그 계속되는 꿈속에서 님은 더욱 고운 자태를 갖추고 절대적인 존재가 된다. 지상에서 이루어지지 못한 사랑을 천상에서 이루려고 화자는 님을 하늘에다 옮겨 놓는다. 얼마나 순수하고 아름다운 행위인가. 무릇 진정한 사랑이란 이쯤은 되어야 하는 것이다. 이 사랑의 행위 속에는 세속적인 사랑의 경지로서는 이해하지 못할 지극한 마음이 담겨 있다. 그러기에 새조차도 그 사랑의 완성체를 시늉하며 날고 있는 것이다.

(10) 「선덕여왕(善德女王)의 말씀」

　　　朕의 무덤은 푸른 嶺 위의 欲界 第二天.
　　　피 예 있으니, 피 예 있으니, 어쩔 수 없이
　　　구름 엉기고, 비 터잡는 데 —— 그런 하늘 속.

　　　피 예 있으니, 피 예 있으니,
　　　너무들 인색치 말고
　　　있는 사람은 病弱者한테 柴糧도 더러 노느고
　　　홀어미 홀아비들도 더러 찾아 위로코,
　　　瞻星臺 위엔 瞻星臺 위엔 그중 실한 사내를 놔라.

　　　살(肉體)의 일로써 살의 일로써 미친 사내에게는
　　　살 닿는 것 중 그중 빛나는 黃金 팔찌를 그 가슴 위에,
　　　그래도 그 어지러운 불이 다 스러지지 않거든
　　　다스리는 노래는 바다 넘어서 하늘 끝까지.

　　　하지만 사랑이거든
　　　그것이 참말로 사랑이거든
　　　서라벌 千年의 知慧가 가꾼 國法보다도 國法의 불보다도
　　　늘 항상 더 타고 있거라.

　　　朕의 무덤은 푸른 嶺 위의 欲界 第二天.
　　　피 예 있으니, 피 예 있으니, 어쩔 수 없이

구름 엉기고, 비 터잡는 데 —— 그런 하늘 속.

내 못 떠난다.

시인은 이 시의 화자를 선덕여왕으로 설정하고 있다. 선덕여왕은 신라 27대 왕으로 대외적으로는 여러 차례 침략을 당하고 국토도 빼앗기는 등 무능함을 보였으나, 안으로는 민생을 돌보고, 구휼 사업을 펴며, 문화적 번성을 위해 노력했던 인물이다.

이 시의 배경이 되고 있는 '욕계 제2천'은 불교에서 말하는 3계(欲界, 色界, 無色界) 가운데 색욕, 식욕, 재욕이 강한 중생들이 머무는 유정(有情)한 6천(天) 중 둘째 하늘, 즉 도리천을 말한다. 선덕여왕의 무덤은 그곳에 있다. "구름 엉기고, 비 터잡는 데"란 진술로 보아 그곳은 신성스럽거나 초월적인 공간은 아니다. 인간적 욕망과 꿈이 그대로 현존하는 곳, 인간적인 사랑의 체취를 느낄 수 있는 곳이다. 여왕이 그런 곳에 무덤을 마련함은 뜨거운 인간적인 피가 아직도 끓고 있기 때문이다. 그러기에 여왕은 말한다. 너무들 인색하게 살지 말라고. 있는 사람은 먹을 것을 병약자들에게 나눠 주고, 홀어미 홀아비처럼 외롭게 살아가는 사람들이 있으면 위로해 주고, 첨성대 위에는 자신의 욕정을 풀어 줄 만한 실한 사내를 올려놓으라고. 여기서 우리는 여왕의 인간적인 면모를 파악할 수 있다. 제3연은 『수이전』의 '심화소탑' 설화와 연관이 된다. 이에 의하면 미천한 신분으로 선덕여왕을 짝사랑하던 지귀라는 인물이 있었는데, 여왕은 그의 마음을 이해하고 황금 팔찌를 벗어 주었으나 그가 깨어나 그 팔찌를 품에 껴안자 이내 불이 붙어 탑을 태워 버렸다는 설화이다. 이러한 선덕여왕의 행위는 신분과 윤리 등 대지 위의 온갖 차별과 불평등을 넘어선 사랑의 영원성과 평등의 정신에 입각한 것이다. 그것이 곧 신라정신이기도 하다. 신라정신은 현실에 대한 긍정적인 자세, 인간 존중을 그 바탕으로 하고 있다. 그 정신은 고귀한 것이요, 그래서 이 땅에서만 펼쳐질 것이 아니라 바다 넘어서 하늘 끝까지 베풀어져야 한다. 제4연은 사랑의 위대함을 노래한 부분이다. 지귀의 사랑이 단순한 육욕적 사랑이 아니고 진정한 사랑이라면 국법보다도 소중한 것이라고 화자는 말하고 있다. 법 위에 사랑이 있다는 얘기이다. 법이 비록 서라벌 천년의 역사 속에서 형성된 것이라 할지라도 인간의 진심은 더 위대한 것이요, 그러기에 법의 불보다도 사랑의 불이 더 강해야 한다. 순수한 사랑의 불길이야말로 인간을 구원할 수 있는 크고 영원한 힘을 지녔다. 어느 점에서 시인은 이 대목에서 세속적인 사랑에 빠져 있는 인간들에게 사랑의 소중함을 얘기하고 있는지 모른다. 여왕의 철저한 인간주의를 부각시킨 이 시는 그 끝을 "내 못 떠난다"는 짤막한 구절로 장식하고 있는데, 이는 인간 세계에 대한 강한 애착을 보인 것이라 할 수 있다. 이 시는 미당이 신라정신을 펼침에 있어 그 서곡에 해당되는 작품이다.

(11) 「꽃밭의 독백(獨白)」

— 사소 단장(娑蘇 斷章) —

노래가 낫기는 그 중 나아도
구름까지 갔다간 되돌아오고,
네 발굽을 쳐 달려간 말은
바닷가에 가 멎어버렸다.
활로 잡은 山돼지, 매(鷹)로 잡은 山새들에도
이제는 벌써 입맛을 잃었다.
꽃아. 아침마다 開闢하는 꽃아.
네가 좋기는 제일 좋아도,
물낯바닥에 얼굴이나 비취는
헤엄도 모르는 아이와 같이
나는 네 닫힌 門에 기대 섰을 뿐이다.
門 열어라 꽃아. 門 열어라 꽃아.
벼락과 海溢만이 길일지라도
門 열어라 꽃아. 門 열어라 꽃아.

* 사소는 신라 시조 박혁거세의 어머니. 처녀로 잉태하여, 산으로 신선수행
 을 간 일이 있는데, 이 글은 그 떠나기 전, 그의 집 꽃밭에서의 독백.

이 시는 '사소 단장'이란 부제가 붙은 작품이다. 그러니까 이 시의 화자는 사소가 된다. 사소는 신라의 시조인 박혁거세의 어머니이다. 건국 신화가 대개 그러하듯이 신라의 시조를 낳은 사소도 처녀로 혁거세를 잉태한 것으로 되어 있다. 그녀가 애를 밴 후 신선 수행을 하고자 산에 들어가기 전 무슨 심

경으로 "문 열어라 꽃아"라고 거듭 외쳤을까? 이 시의 해석의 키(key)는 여기에 달려 있다.

우선 '꽃'이 무엇을 상징하는가를 살펴보자. 꽃은 미적 완성체요, 아침마다 한 세상을 활짝 연다. 오므린 꽃망울이 활짝 열려 피는 것을 보면 그것이 다름 아닌 개벽이라는 생각이 든다. 그 개벽의 행위를 꽃은 아침마다 한다. 그러면 '나'는 어떤 존재인가? 한마디로 철부지이다. 물낯바닥에 얼굴이나 비춰고, 헤엄칠 줄도 모른다. 그런 존재이기에 꽃이 닫혀 있으면 닫힌 문에 기대섰을 뿐, 개화의 비밀을 알려고도 하지 않고 개화를 위해 노력하지도 않는다. 아니 어쩌면 꽃의 개벽의 신비를 캐내기에 '나'는 너무 부족한 존재인지 모른다. 나의 노래는 기껏해야 아무리 퍼져 올라가도 구름까지 갔다가 되돌아오고, 네 발굽을 치며 무한정 달릴 것 같던 말도 바닷가에 이르러 더 이상 가지 못하고 멎어 버렸다. 산돼지, 산새를 먹는 것도 식상했다. 이제는 오직 꽃의 문이 열려 그리로 들어가길 바랄 뿐이다. 그 길이 설사 벼락이 치고 해일이 이는 길일지라도, 그 같은 역경을 극복하고 꽃의 길로 들어서고 싶은 것이 사소의 심정이다. 꽃의 길을 들어선다는 것은 그녀의 상태로 보아 출산을 의미하리라. 그리고 벼락과 해일은 출산의 고통을 말함이리라. 그렇게 본다면 "문 열어라 꽃아"는 애를 낳겠다는 염원이다. 인간의 한계를 넘어선 초인적인 존재의 탄생, 그녀는 그것을 빌고 있었던 것이라고 본다.

(12) 「춘향유문」(春香遺文)

안녕히 계세요
도련님

지난 오월 단오ㅅ날, 처음 맞나든날
우리 둘이서 그늘밑에 서있든
그 무성하고 푸르든 나무같이
늘 안녕히 안녕히 계세요

저승이 어딘지는 똑똑히 모르지만
춘향의 사랑보단 오히려 더 먼
딴 나라는 아마 아닐것입니다

천길 땅밑을 검은 물로 흐르거나
도솔천의 하늘을 구름으로 날드래도
그건 결국 도련님 곁 아니예요?

더구나 그 구름이 쏘내기되야 퍼부을 때
춘향은 틀림없이 거기 있을거에요!

* 두솔천(兜率天) : 불교의 욕계육천(欲界六天)의 제4천(第四天).

  이 시는 화자인 춘향이 '도련님', 즉 이몽룡에게 작별 인사를 하는 것으로 되어 있다. 작별도 단순히 헤어지는 것이 아니고, 이승과 저승 간의 작별, 즉 사별이다. 춘향은 님을 향해 유언을 한다. 유언의 중심 내용은 사랑이다. 비록 저승을 간다 할지라도 자기는 저승에서도 이승과 다름없이 사랑을 할 것이라는 것, 어디에 있건 간에 도련님 곁일 것이라는 것, 천상의 구름이 소나기가 되어 지상으로 내려올 때에도 그 속에 끼여 있을 것이라고 말한다. 시간적, 공간적 거리가 그녀를 님과 갈라놓을 수는 없다. 결국 그녀의 사랑은 시공을 초월한 사랑이다. 또한 이 유언의 내용은 사랑이란 것이 정신적으로 이루어지는 것이지, 육체적으로 이루어지는 것이 아니라는 점을 강조하는 것이기도 하다.

  이 시는 불교의 윤회사상과 결부되기도 한다. 춘향이 비록 죽었다 할지라도 영원히 죽은 것이 아니요, 물이 구름이 되고 구름이 소나기가 되어 순환하듯 얼마든지 다시 환생할 수 있다. 그녀가 틀림없이 소나기 속에 자기가 있을 거라고 자신 있게 단언을 하는 것은 이러한 윤회를 믿기 때문이다. 어느 면에서 보면 사랑의 확신에 차 있다고 볼 수 있다. 오히려 그녀가 염려를 하는 것은 님이다. "안녕히 안녕히"라고 거듭 말하고 있음은 자기가 없을 때 잘못해서 님의 신변에 무슨 일이라도 생기지 않을까 하는 염려의 표출이다. 그러면 그녀가 바라는 님의 자세는 어떤 것인가? 님은 "무성하고 푸르든 나무"같이 늘 변치 않고 있어 주기만 하면 된다. 무성하다든가 푸르다든가 하는 것은 지속적이고 풍성한 사랑의 성장을 의미한다. 진정한 사랑이란 그런 것이다. 영혼으로 맺어진 사랑은 육체적인 격리에 아무런 구애를 받지 않는다. 변학도의 수청 강요와 회유를 죽음을 무릅쓰고 물리치면서 일편단심으로 이몽룡을 기다렸던 춘향의 정신은 바로 이런 것이리라. 이 작품을 통해 우리는 미당의 사랑의 대위법을 간파하게 된다.

(13) 「무등(無等)을 보며」

    가난이야 한낱 襤褸에 지내지않는다
    저 눈부신 햇빛속에 갈매빛의 등성이를 드러내고 서있는
    여름 山같은
    우리들의 타고난 살결 타고난 마음씨까지야 다 가릴수 있으랴

    青山이 그 무릎아래 芝蘭을 기르듯
    우리는 우리 새끼들을 기를수밖엔 없다
    목숨이 가다 가다 농울쳐 휘여드는
    午後의때가 오거든
    內外들이여 그대들도
    더러는 앉고
    더러는 차라리 그 곁에 누어라

    지어미는 지애비를 물끄럼히 우러러보고
    지애비는 지어미의 이마라도 짚어라

    어느 가시덤풀 쑥굴헝에 뇌일지라도
    우리는 늘 玉돌같이 호젓이 무쳤다고 생각할일이요
    青苔라도 자욱이 끼일일인 것이다.

이 시는 시인이 전쟁중 광주로 피난하여 가난과 굶주림의 나날을 보낼 때 쓴 것이다. '무등'은 잘 알다시피 광주에 있는 산의 이름으로 그는 이 산에 매료되어 있었다. 특히 무등산에 떠오르는 이내(嵐)를 보고 감동을 느끼곤 했다. 무등산 이내의 빛깔은 우리가 늘 보는 코발트의 하늘빛하고는 아주

다른 빛이고, 풀빛에 가깝기는 하지만 아주 깊이깊이 몇 천 길같이 빛나는 풀빛이다. 그는 이 무등산 위의 이내 속에 잠입해서 이백이나 도연명, 장자, 노자 등 선현들의 자연몰입의 경지를 이해하고자 노력했다. 광주 무등산은 앞에 앉은 산과 뒤에 있는 산의 두 겹으로 되어 있다. 그가 보기에 앞에 앉아 있는 것은 엇비슷이 누워 있는 것 같고, 뒤에 있는 산은 뭔지 안심찮아 일어나 앉아 있는 것 같다. 그는 광주에 와서 조선대학에 근무하면서 한 달 봉급으로 겉보리 열 닷 말을 타는 훈장 노릇을 하고 있었는데, 이 무등산의 이런 모습이 어쩌면 두 오랜 부부의 어느 오후의 휴식의 모습 같다고도 생각하고 있었다. 아내는 너무 피곤하여 엇비슷이 누워 있는 오후, 옆에 앉아 있는 남편이 바야흐로 그 누운 아내의 고단한 이마를 짚을 자세로 있는 것이라고 생각하는 데 이르렀다.

 제1연에는 우리가 처한 가난이라는 상황과 우리의 마음씨가 대비적으로 설명되어 있다. 가난은 겉에 걸친 헌 옷에 지나지 않고, 우리의 마음씨는 푸른 여름산처럼 맑고 깨끗하다는 것이 이 부분이 의미하는 내용이다. '타고난 살결' '타고난 마음씨'를 이렇게 본 것은 미당이 인간이란 존재를 성선설에 입각해 보고 있다는 것이요, 그의 긍정적인 휴머니티의 일면을 나타낸 것이기도 하다. 제2연에서는 우리의 자세가 보다 구체적으로 제시된다. 아무리 삶이 어렵더라도 우리는 우리 자식을 기를 수밖에 없다는 것이다. 그것은 마치 청산이 지란을 기르듯 자연스러운 일이요, 어느 면에서 의무이다. 지란은 청산이 있음으로 그곳에 피어난 것이요, 청산이 이를 거둘 수밖에 없다. 자식들도 마찬가지인 것이다. 또한 우리가 "목숨이 가다 가다 농울쳐 휘어드는" 고통스러운 상황에 처했을 때 부부 간의 위안과 화합으로 이를 극복해야 한다. 그 위안과 화합의 모습을 그린 것이 제3연이다. 지어미는 누워서 지애비를 물끄러미 우러러보고, 지애비는 지어미의 이마라도 짚어 위로해 주는 모습, 아마도 이 모습은 굶주림에 지친 부부가 보여줄 수 있는 가장 인간적이고 아름다운 모습임에 틀림없다.

  제4연은 부부의 마음의 자세를 제시한 부분이다. 가시덤불 쑥구렁에 누이더라도 옥돌같이 호젓이 묻혔다고 생각하라는 것은 아무리 고통스러운 상황에 처했을지라도 깨끗하고 순수한 존재라고 여기라는 뜻이다. 그렇게 하면 옥돌에 청태가 끼이듯 그것에 상응하는 결과가 나타나리라는 것이다. 결과적으로 이 시는 물질적인 가난이라는 것은 정신적으로 얼마든지 극복할 수 있다는 메시지를 독자에게 전달하고 있는 시라고 볼 수 있다.

(14) 「다시 밝은 날에」

— 춘향의 말 2 —

신령님……

처음 내 마음은

수천만마리
노고지리 우는 날의 아지랑이 같었습니다

번쩍이는 비눌을 단 고기들이 헤염치는
초록의 강 물결
어우러져 날르는 애기 구름 같었습니다

신령님……

그러나 그의 모습으로 어느날 당신이 내게 오셨을 때
나는 미친 회오리 바람이 되었읍니다
쏟아져 네리는 벼랑의 폭포
쏟아져 네리는 쏘내기비가 되었읍니다

그러나 신령님……

바닷물이 적은 여울을 마시듯이
당신은 다시 그를 데려가고
그 휑 – ㄴ한 내 마음에
마지막 타는 저녁 노을을 두셨습니다.
그러고는 또 기인 밤을 두셨습니다

신령님……

그리하여 또 한번 내위에 밝는 날
이제
산ㅅ골에 피어나는 도라지 꽃같은
내 마음의 빛갈은 당신의 사랑입니다

이 시는 미당의 다른 작품 「추천사」, 「춘향유문」과 마찬가지로 「춘향전」이라는 전통적 소재를 시의 소재로 활용하고 있는 작품이다. 잘 알려진 고전의 시적 수용은 독자들이 그 내용을 이미 잘 알고 있다는 이점이 있기 때문에 메시지를 쉽게 전달할 수 있다. 또한 하나의 고전 작품이 역사적으로 오랫동안 독자들의 사랑을 받으며 이어져 내려왔다는 것은 그 내용 속에 세간 사람들이 공감할 만한 보편적인 정서가 담겨 있기 때문이다. 그러므로 공감대를 형성할 가능성이 충분하다. 미당은 특히 신화나 전설, 설화, 그리고 고전의 스토리를 그의 시 속에 폭넓게 수용한 시인이다.

이 시의 화자와 청자는 춘향과 신령님이다. 이 시는 춘향이 신령님에게 말을 건네는 형식으로 되어 있다. 보다 구체적으로 말하자면 춘향이 신령님에게 자신의 마음을 고백하고 있다. 이 시의 의미 구조는 하나의 스토리를 지닌 지속성을 형성한다고 볼 수 있는데, 기다림 → 만남 → 헤어짐 → (재회에의) 기다림이 곧 그것이다. 이제 그를 보다 구체적으로 살펴보면 다음과 같다. 화자는 처음의 내 마음이 '아지랑이' '애기 구름' 같다고 한다. 이것은 신령님이 도련님의 모습으로 오시기 전의 일이다. 그러면 '아지랑이' '애기 구름' 같다는 것은 무엇을 의미하는가? 아련함, 순진함이라고 볼 수 있다. 막연한 대상을 그리며 사랑에 눈뜨기 전의 마음이 그런 것이 아니겠는가? 그러나 막상 사랑하는 이가 내게 나타났을 때는 얘기가 다르다. 나의 감정은 격정적으로 변한다. 미친 회오리바람, 벼랑의 폭포, 소나기가 되는 것이다. 그러나 사랑하는 이를 다시 이별하게 되었을 때 내 마음은 훤하게 텅 비고, "마지막 타는 저녁 노을"과 같은 아쉬움, "기인 밤"의 지루한 기다림을 안겨 준다. 마지막 연에서의 화자의 마음은 절망 상태를 넘어서 '도라지꽃'으로 집약된다. 산골에 피는 도라지꽃과 같다는 것은 무슨 의미인가? 소박하고 순수하며 맑은 생명감에 넘친다는 얘기이다. 아지랑이, 애기 구름이 사랑의 시련과 고통을 겪기 전에 지닌 감정을 표상하는 대상이라면, 도라지꽃은 사랑의 시련과 고통을 체험한 후에 보다 강해진 모습의 대상물이다. 이제는 님이 정해져 있기에 아련함이나 순진함은 벗어났고, 오로지 님만을 기다리는 청초한 모습의 도라지꽃으로 있으면 된다. 그 모습이 바로 춘향의 사랑과 같다.

(15) 「자화상」(自畵像)

    애비는 종이었다. 밤이 기퍼도 오지않었다.
    파뿌리같이 늙은할머니와 대추꽃이 한주 서 있을뿐이었다.
    어매는 달을두고 풋살구가 꼭하나만 먹고 싶다하였으나…흙으로 바람벽한 호롱불밑에
    손톱이 깜한 에미의아들.
    甲午年이라든가 바다에 나가서는 도라오지 않는다하는 外할아버지의 숯많은 머리털과
    그 크다란눈이 나는 닮었다한다.
    스믈세햇동안 나를 키운건 八割이 바람이다.
    세상은 가도가도 부끄럽기만하드라

어떤이는 내눈에서 罪人을 읽고가고
어떤이는 내입에서 天痴를 읽고가나
나는 아무것도 뉘우치진 않을란다.

찰란히 티워오는 어느아침에도
이마우에 언친 詩의 이슬에는
몇방울의 피가 언제나 서꺼있어
볓이거나 그늘이거나 혓바닥 느러트린
병든 숫개만양 헐덕어리며 나는 왔다.

  이 시는 미당 스스로 밝힌 바에 의하면 23세 때 쓰여진 작품이다. "애비는 종이었다"라는 시의 모두(冒頭)가 도발적이어서 독자들에게 깊은 인상을 주었고, 실제 미당의 부친이 남의 집의 종이었느냐의 논란을 일으키기도 했다. 이 부분에 대해 결론부터 말하면 액면 그대로 받아들여서는 안 된다는 것이다. 미당의 부친이 인촌 김성수 씨 댁의 농감(農監)을 하기는 했지만, 하인배인 종은 아니었다. 시인 자신의 술회를 참고하면, 그가 중앙학교에서 퇴학을 맞고, 잠깐 동안 집에 있다가 다시 서대문 감옥을 들러 나온 뒤 부친에게 인촌댁의 농감을 그만두라고 청을 했는데, 부친이 그의 청을 들어 농감을 그만두고 식구들을 이끌고 고창 읍내로 이사를 해버렸다고 한다. 그러면 이 진술의 배경은 무엇인가? 이에 대해서는 두 가지로 해석할 수 있는데, 하나는 미당의 초기 작품의 시적 수사가 직정적인 언어를 많이 사용했기 때문에 자연히 그런 표현이 나왔다는 것이요, 다른 하나는 미당의 말대로 우리 농촌 산골에서 흔히 볼 수 있는 옛 조선 사람들의 자화상을 미당이 그런 식으로 표현한 것이라는 것이다.

그러나 미당의 자전적인 사실과 일치되는 부분도 없지 않다. 가령, "갑오년이라든가 바다에 나가서는 돌아오지 않는다 하는/외할아버지" 같은 구절은 실제로 미당의 외할아버지가 어부로서, 바다에 나가 영영 불귀의 객이 되었기에 사실적인 진술이며, "스물세 햇 동안 나를 키운 건 팔할이 바람"이란 부분도 미당의 자술에 의하면 이 작품이 스물세 살에 쓰여진 것이기에 맞는 얘기이다. 특히 '팔할이 바람'의 의미는 그만큼 삶의 풍파가 많았다는 얘기인데, 미당 자신이 그렇게 풍파 속에서 삶을 살아왔다. 그에게 있어 20대의 청년기는 그야말로 정신적, 육체적 방황의 연속이었다. 그러므로 어느 정도는 '자화상'이라는 제목 그대로 그 스스로 자신에 대해 읊은 것을 인정해야 한다. 구체적으로 시의 내용을 살펴보면 다음과 같다.

시의 첫 장면에는 궁색한 집안의 모습이 묘사된다. 하얗게 늙은 할머니, 입덧을 하는 어머니, 손톱이 까만 아들이 집안에 남아 있는 가족의 전부다. 그들은 이를 데 없이 가난하고, 기력이 없고, 누추한 곳에서 살고 있다. 그런 환경 속에서 스물셋의 나이를 먹을 동안 살아왔다. 사람 노릇을 하지 못하고 살아오니 세상을 대하는 것이 부끄러울 뿐이다. 그런 나의 모습은 죄인 같기도 하고, 천치 같기도 하다. 그러나 후회는 없다. 주어진 운명에 순종하며 열심히 살아왔기 때문이다. 그러므로 찬란한 아침과 더불어 맞게 되는 시의 이슬이 그냥 맺혀지는 것이 아니다. 그 속엔 "몇 방울의 피가 언제나 섞여 있"기 마련이다. 바꿔 말하면 고통과 시련과 희생이 뒤따른 결실이다. 화자는 볕이나 그늘을 가리지 않았고, 힘이 들어 혓바닥을 늘어뜨리고, 병든 수캐처럼 헐떡거릴지라도 여기까지 온 것이다.

(16) 「바다」

    귀기우려도 있는 것은 역시 바다와 나뿐.
    밀려왔다 밀려가는 무수한 물결우에 무수한 밤이 往來하나
    길은 恒時 어데나 있고, 길은 결국 아무데도 없다.

    아-반딧불만한 등불 하나도 없이
    우름에 젖은 얼굴을 온전한 어둠 속에 숨기어 가지고…너는,
    無言의 海心에 홀로 타오르는
    한낫 꽃같은 心臟으로 沈沒하라.

    아-스스로히 푸르른 情熱에 넘처
    둥그란 하눌을 이고 웅얼거리는 바다,
    바다의 깊이 우에
    네구멍 뚤린 피리를 불고…청년아.
    애비를 잊어버려
    에미를 잊어버려
    兄弟와 親戚과 동모를 잊어버려,
    마지막 네 게집을 잊어버려,

아라스카로 가라 아니 아라비아로 가라
아니 아메리카로 가라 아니 아프리카로
가라 아니 *沈沒하라. 沈沒하라. 沈沒하라!*
오-어지러운 心臟의 무게 우에 풀닢처럼 훗날리는 머리칼을 달고
이리도 괴로운 나는 어찌 끝끝내 바다에 그득해야 하는가.
눈뜨라. 사랑하는 눈을 뜨라…청년아,
산 바다의 어느 東西南北으로도
밤과 피에 젖은 國土가 있다.

아라스카로 가라!
아라비아로 가라!
아메리카로 가라!
아푸리카로 가라!

　이 시는 1938년 『사해공론』 10월호에 발표된 작품이다. 1930년대 말기의 현실은 그야말로 절망적인 상황이었고, 미당 개인적으로 볼 때에도 극한적이었을 때이다. 그는 공부를 다 집어치고 빈민굴로 절간으로 다니다가, 불교전문학교에 적을 두기도 하고, 그것마저 놓아두고 바람처럼 흘러만 다녔다. 정신적으로 불안정했을 때인 것이다. 이러한 미당의 정신적 방황의 모습을 적실하게 담고 있는 것이 이 시이다. 이 시는 다음과 같이 정리할 수 있다.
　지금 시적 화자인 나는 바다와 함께 있다. 바다만이 내가 대할 수 있는 대상이요, 밀려왔다 밀려가는 바다 물결 소리가 들을 수 있는 것의 전부다. 얼핏 보면 그 너른 바다가 앞에 펼쳐져 있어 길은 항시 열려 있는 것 같으나, 실제로 내가 갈

수 있는 길은 없다. 물론 그 길이란 걸어 다니는 길이 아니요, 화자가 택할 수 있는 삶의 길이리라. 그 삶의 길이 막막한 것이다.

　이 절망적 상황에서 시인은 '나' 이외에 또 하나의 퍼소나를 등장시킨다. '너'로 지칭되는 청년이다. 그 청년은 '절망적인 나'의 대치물과 같은 존재이다. '너'가 처한 상황 역시 '나'와 크게 다를 바 없다. 반딧불만한 등불 하나도 없고, 울음에 젖은 얼굴을 하고 있는 것이 '너'이다. 그러한 너에게 바다 한가운데인 해심(海心)으로 침몰하라고 한다. 철저한 자아 함몰을 권하고 있는 것이다. 그러나 바다란 대상이 삶과 죽음, 절망과 희망, 안락과 혼돈의 이원론적 구조를 지니듯이 바다를 통해 절망만을 느끼는 것은 아니다. 스스로 푸르른 정열에 넘쳐 둥그런 하늘을 머리에 이고 웅얼거리기도 한다. 그러기에 '나'는 '너'에게 그 모든 것을 피리 소리에 실어 무한한 바다의 깊이 속에 묻어버리고 애비, 에미, 형제, 친척, 동무, 계집 모두를 잊어버리라고 주문한다. 이들은 사실 청년을 속박하던 것들이다. 이들을 벗어나면 비로소 정신적인 자유인이 되어 알라스카, 아라비아, 아메리카, 아프리카, 어디로든지 갈 수가 있다. 그러나 또 다시 갈등이 생긴다. 과연 그럴 수 있는가. 그것은 철저한 자기 도피가 아닌가? "산 바다의 동서남북 사방에 밤과 피에 젖은 국토"가 있는데, 사랑하는 눈을 떠서 이를 보살펴야 하지 않는가? "침몰하라"와 "가라"는 이율배반적 행동의 지시는 이 정신적 갈등을 보여준다.

(17) 「광화문」(光化門)

　　北岳과 三角이 兄과 그 누이처럼 서 있는 것을 보고 가다가
　　兄의 어깨 뒤에 얼골을 들고 있는 누이처럼 서있는 것을 보고 가다가
　　어느 새인지 光化門 앞에 다다렀다.

　　光化門은
　　차라리 한채의 소슬한 宗敎.
　　조선 사람은 흔이 그 머리로부터 왼몸에 사무쳐 오는 빛을
　　마침내 보선코에서까지도 떠바뜰어야할 마련이지만,
　　왼하늘에 넘쳐흐르는 푸른 光明을
　　光化門— 저같이 으젓이 그 날개쭉지우에 싣ㅅ고 있는 者도 드물다.

　　上下兩層의 지붕우에
　　그득히 그득히 고이는 하늘.
　　윗層엣것은 드디어 치—ㄹ 치—ㄹ 넘쳐라도 흐르지만,
　　지붕과 지붕 사이에는 新房같은 다락이 있어
　　아래層엣것은 그리로 왼통 넘나들 마련이다.

　　玉같이 고으신이
　　그 다락에 하늘 모아
　　사시라 함이렸다.

　　고개 숙여 城옆을 더듬어가면
　　市井의 노랫소리도 오히려 太古같고

　　문득 치켜든 머리위에선
　　파르르 쭉지치는 내 마음의 메아리……

이 시는 1955년 『현대문학』 8월호에 실린 시이다. 광화문은 경복궁의 정문으로, 조선 태조 4년(1395년)에 건립되었는데 임진왜란 때 소실되었다가 고종 1년(1864년) 대원군 때 재건되었고, 현재의 광화문은 1968년 12월에 복원된 것이므로, 미당이 이 시의 소재로 삼은 광화문은 대원군 때 재건된 광화문이다. 경복궁의 정문을 광화문이라 한 것은 세종 때 이후의 일이고, 창건 당초에는 남쪽문이라 해서 그저 오문(午門)이라 하였다.

　광화문은 경복궁 안 수백을 헤아리는 집채 중에서도 가장 뛰어난 건물이란 정평을 얻었듯이 전체의 균형과 조화는 아름답기 그지없었다. 아래쪽은 돌로 쌓아 올린 아취문인 무지개문(홍예문:虹霓門) 셋으로 되어 있고, 그 위는 겹처마 2층 다락집(重檐層樓)이다. 아취식 돌문은 건실한 기품을 풍기는가 하면, 그 다락집은 크고도 화려하면서 아름다운 조화의 극치를 이루었다. 궁성 돌담은 그 좌우, 곧 동·서로 뻗어 나아가서 동·서 양모퉁이 뿌리에 있는 성로(城櫓), 곧 동십자각과 서십자각에 연결되어 있었다. 이렇듯 경복궁의 정문으로서 아래위가 아름다운 조화의 극치를 이룬 웅대한 걸작품 광화문은 그러나 고종 32년(1895년) 음력 8월 20일 일인(日人) 자객들에 의해 더러운 발로 짓밟혀지고, 왕비 민비는 처참하게 시해되었다. 그러므로 광화문은 영화와 비운을 함께 담고 있는 문이라 할 수 있다.

　시인은 이 시에서 광화문을 "차라리 한 채의 소슬한 종교"라고 하고 있다. 한 건물에 대한 인식을 신앙의 차원으로까지 끌어올리고 있는 것이다. 그만큼 시인이 보기에 광화문의 용자는 뛰어나다. 그 모습은 온 하늘의 푸른 광명을 날갯죽지에 실고 있는 듯하다. 위층은 위층대로, 아래층은 아래층대로 지붕 위에 하늘이 그득히 고이고, 지붕과 지붕 사이에 있는 다락 으로 하늘이 넘나들기도 한다. 시인의 생각으로는 아무래도 조선의 왕으로 하여금 다락에 하늘을 모아 하늘처럼 높고 고귀하고 푸르게 사시라고 이렇게 지은 것 같다. 광화문 옆을 거니노라면 태곳적 풍취가 생기고, 시인의 마음은 더불어 날아갈 듯 상쾌하다.

시인이 이처럼 광화문을 보고 감회에 젖는 것은 조선 왕조 시발의 상징이었던 이 건물이 이렇듯 웅장하고 화려하듯이, 이 나라의 앞날도 동족상잔의 비극을 딛고 번창할 것을 기원하는 것이라 볼 수 있다.

(18) 「마른 여울목」

　　말라붙은 여울바닥에는 독자갈들이 들어나고
　　그 우에 늙은 巫堂이 또 포개어 앉아
　　바른 손 바닥의 금을 펴어 보고 있었다.

　　이 여울을 끼고는
　　한켠에서는 少年이, 한켠에서는 少女가
　　두 눈에 초롱불을 밝혀 가지고 눈을 처음 맞추고 있던 곳이다.

　　少年은 山에 올라

맨 높은데 낭떠러지에 절을 지어 지성을 디리다 돌아 가고,
少女는 할수없이 여러군데 후살이가 되었다가 돌아 간 뒤…

그들의 피의 소원을 따라 그 피의 분꽃같은 빛갈은 다 없어지고
맑은 빗낱이 구름에서 흘러내려 이 앉은 자갈들우에 여울을 짓더니
그것도 할 일 없어선지 자취를 감춘 뒤

말라붙은 여울바닥에는 독자갈들이 드러나고
그 우에 늙은 巫堂이 또 포개어 앉아
바른 손바닥의 금을 펴어 보고 있었다.

* 독자갈 : 자갈 (전남 · 경남 방언)
* 빗낱 : 햇빛이 쨍쨍한 맑은 날씨에 뿌리는 빗줄기.

　　과거 → 대과거 → 과거의 시간적 구성으로 이루어진 이 시는 소년과 소녀의 이루어지지 못한 사랑과 한을 읊고 있다. 여울을 사이에 두고 한쪽에서는 소년이, 다른 한쪽에서는 소녀가 초롱불과 같은 밝고 순수한 감정으로 눈을 맞춰 사랑에 빠졌다. 비록 둘 사이에 여울이 가로놓여 함께 있지는 못했지만, 둘 사이의 순수한 사랑은 이미 여울을 건너 각자의 마음속에 깊이 새겨졌다. 그러나 소년은 중이 될 수밖에 없는 기구한 팔자여서 높은 곳에 절을 지어 지성을 드리다 세상을 하직하고, 마음속에 소년만을 사랑하고 있던 소녀는 이루어지지 못한 사랑의 상처를 안고 다른 사람에게 시집을 갔으나 역시 기구한 팔자로 인해 일부종사를 못하고 여러 군데로 개가를 하지 않으면 안 되는 삶을 살다가 역시 세상을 하직했다. 사랑

하는 이를 마음속에만 묻고 일평생을 기구하게 산 그들에게 얼마나 맺힌 한이 많았으랴. 하지만 이승에서의 모든 것은 그야말로 인연인 것. 두 사람은 그렇게 살다 죽을 수밖에 없는 운명이었던 것이다. 그래서 그들은 원망도 하지 않고 슬픔과 한이 씻겨지길 바랐고, 그들의 소원대로 분꽃색의 피의 흔적, 즉 이승에서의 한은 다 씻겨 없어지고, 그들의 역경을 상징하던 자갈들 위의 여울마저 바닥을 드러내어 자취를 감추었다. 이제 말라붙은 여울 바닥은 그 옛날 소년과 소녀의 슬픈 사랑을 세월 속에 묻어버렸는데, 그 자리에서 늙은 무당이 손금을 펴보며 두 사람의 인연을 되새기고 있다.

　이 시는 백석의 「여승」이란 시처럼 짧은 형식 속에 무한히 많은 이야깃거리를 담고 있다. 물론 이 시 바탕에 깔린 시인의 기본적인 인식은 이승에서의 인연은 사람의 힘으로서는 어쩌지 못한다는 불교의 인연설에 기초하고 있다. 그러나 그 인연설을 직접적으로 겉으로 드러내지 않고 제3자의 입장에서 관찰하듯 서술하고 있기에 오히려 이야기의 주인공이 되는 두 남녀의 애틋한 사랑을 우리는 저마다 다양하게 상상하게 되는지 모른다. "少年은 山에 올라/ 맨 높은데 낭떠러지에 절을 지어 지성을 디리다 돌아가고/ 少女는 할수없이 여러군데 후살이가 되었다가 돌아간 뒤…"라는 한 연만 놓고서도 우리는 두 사람의 이승에서의 삶을 여러 방향으로 무궁무진하게 이야기할 수 있는 것이다. 이 시는 1959년 『현대문학』 7월호에 실린 시인데, 이때는 미당이 한창 신라에 빠져 있을 때이기에 이렇게 불교적 설화성을 지닌 시가 나오게 된 것 같다.

(19) 「가을에」

오게
아직도 오히려 사랑할 줄을 아는 이.
쫓겨나는 마당귀마다, 푸르고도 여린
門들이 열릴 때는 지금일세.

오게
低俗에 抗拒하기에 여울지는 자네.
그 소슬한 시름의 주름살들 그대로 데리고
기러기 앞서서 떠나가야 할
섧게도 빛나는 외로운 雁行 —— 이마와 가슴으로 걸어야 하는
가을 雁行이 비롯해야 할 때는 지금일세.

작년에 피었던 우리 마지막 꽃 —— 菊花꽃이 있던 자리,
올해 또 새 것이 자넬 달래 일어나려고
白露는 霜降으로 우릴 내리 모네.

오게
지금은 가다듬어진 구름.
헤매고 뒹굴다가 가다듬어진 구름은
이제는 楊貴妃의 피비린내나는 사연으로는 우릴 가로막지 않고,
휘영청한 開闢은 또 한 번 뒷門으로부터
우릴 다지려
아침마다 그 서리 묻은 얼굴들을 추켜들 때일세.

오게
아직도 오히려 사랑할 줄을 아는 이.

쫓겨나는 마당귀마다, 푸르고도 여린
門들이 열릴 때는 지금일세.

　이 시는 대화체 형식의 시로, '자네'라는 현상적 청자를 등장시켜 그에게 '오라'는 권유를 하고 있는 작품이다. '자네'는 "아직도 오히려 사랑할 줄을 아는 이"라는 행간의 의미로 보아 많은 시련을 겪었으면서도 사랑이란 감정을 끝내 저버리지 않은 이로 볼 수 있다. '쫓겨나는 마당귀'란 구절이 그에게 닥쳤던 시련을 간접적으로 암시한다. 이 시에서 시적 소재는 '가을', '국화' 둘이다. 가을은 조락의 이미지를 지닌 계절로, 외롭고 쓸쓸하고 허전한 분위기를 자아내는 계절이다. 그러나 시인은 '섧게도 빛나는 외로운 안행'이라 언급함으로써 통상적인 가을에 대한 관념을 벗어나 가을이란 계절이 주는 긍정적 특성에 주목한다. 가을은 새로운 보금자리를 향하여 표표히 날아가는 기러기의 행렬에서도 느끼듯이 반드시 소슬한 계절만은 아니다. 오히려 모든 시련을 딛고 다시 출발하는 계절일 수도 있다. 시름의 주름살들을 다 거두고 떠나가는 듯한 기러기들의 행렬을 보라. 그들은 오히려 가을의 외로움 속에서 용기를 얻고 새로운 출발을 한다. 그러기에 비록 이마로서 앞을 향하고, 순수한 마음의 가슴만으로 걷는다 할지라도 빛나는 안행(雁行)이 되는 것이다.
　'국화'란 대상도 가을을 긍정적으로 받아들이는 데 한몫을 한다. '자네'란 존재를 달래기 위해 지난 해 피었던 그 자리에서 다시 피어나려고 하고, 절후(節侯) 역시 국화의 피어남을 돕기 위해 백로(白露)를 지나 상강(霜降)으로 다가간다. 이 부분에서도 자네를 달랜다는 서술에서 그가 고통을 받은 존재라는 것을 감지한다. 또한 꽃의 피고 짐의 연속이란 점에서 불교의 윤회사상과 더불어 인생사가 한 번 역경이 있으면 다른 한 번은 번성함이 있는 것이라는 삶의 철학도 내포한다. 제4연에서의 구름은 부정적 이미지를 지닌 대상으로 우리를 피비린내 나는 사연으로 몰았던 것이다. 그러나 헤매고 뒹군 것은 과거이고, 이제는 가다듬어져 있다. 우리를 가로막지 않는다. 그런가 하면 우리들을 다지기 위해, 즉 격려와 용기를 주기 위해 국화는 아침마다 서리 묻은 얼굴들을 추켜들며 휘영청한 개벽을 한다.

　이렇게 볼 때 이 시는 시련을 겪은 자에게 다시 한 번 가을을 맞아 새로운 출발을 하라는 메시지를 담은 시로도 볼 수 있으며, 좀더 확대 해석하면 화자와 청자인 우리가 겪은 비극적 현실을 가을이란 계절이 주는 가르침을 교훈삼아 사랑으로 극복하자는 시로 생각할 수도 있다. 그리고 '푸르고도 여린 문'이 암시하듯 새로운 출발에 대한 시인의 전망은 지극히 낙관적이다.

(20) 「여행가」(旅行歌)

　　行人들은 두루 이미 제집에서 입고 온 옷들을 벗고
　　萬里에
　　나라가는 鶴두루미들을 입고,

하늘의
텔레비젼에는
五千年쯤의 客鬼와
獅子 몇마리
蓮꽃인지 江갈대를
이마에 여서 피우고,

바람이 불어서
그 갈대를 한쪽으로 기우리면
나는 지냇밤 꿈 속의 네 눈섭이 무거워
그걸로 여기
한채의 새 절깐을 지어두고 가려 하느니

愛人이여
아침 山의 드라이브에서
나와 같은 盞에 커피를 마시며
인제 가면 다시는 안 오겠다 하는가?

그렇다
그것도 필요한 일이다.

 이 시는 미당의 전형적인 불교 철학을 담고 있지만 이해하기 어려운 작품이다. 제목에서 알 수 있듯이 화자는 여행을 한다. 여행길에는 화자만이 있는 것이 아니라 행인들도 있다. 그들은 이미 제 집에서 입고 온 옷들을 벗고 학두루미를 입었다. 행인들이 학두루미가 된 것이다. 전생과 현생과 내생을 거듭하는 윤회사상에 기대어 보면 이러한 변신은 지극히 자연스러운 변신이다. 하늘에는 오천년 전의 객귀와 사자들이 연꽃인지 갈대를 피워낸다. 객귀, 사자, 연꽃, 갈대는 모두 윤회의 공간 속에 등장하는 인연의 사슬들이다. 어쩌면 객귀가 그 옛날의 사자일지도 모르며, 사자가 객귀였을지 모른다. 오천 년의 세월을 흐르며 무한대의 윤회가 이루어졌을 터이니 그 인과율을 누가 알랴. 그 가운데 화자는 지난밤 꿈속의 너를 떠올린다. "네 눈섭이 무거워"라는 것으로 보아 전생에 그에게 무거운 빚을 졌다. 그래서 빚을 갚고자 한 채의 새 절간을 그를 위해 지으려고 한다. 윤회의 공간 속에 무수한 만남과 헤어짐이 다 그런 것이 아닐까. 지금 눈앞에 있는 또 다른 여인인 애인도 마찬가지다. 만남이 있으면 헤어짐이 있는 것, 다시 만나기 위해서는 헤어져야 한다. 그러므로 아침 산을 드라이브하며 화자와 같은 잔에 커피까지 마시는 깊은 관계의 애인이 인제 가면 다시는 안 오겠다는 데에 대해서 '나'는 "그렇다/그것도 필요한 일이다"라고 말한다. 누군가의 지적대로(천이두 「지옥과 열반」) 오늘의 이별을 통해서만 또 한 채의 새 절간을 짓기 위한 내일의 만남이 예비되기 때문이다.

▶ 관악산 산책로에서 미당은 몸의 건강을 위해서는 체조와 산책과 여행을, 기억력의 유지를 위해서는 세계의 좋은 산들의 이름을 1,625개를 골라 외워서 그걸 아침마다 되풀이해 암송했다. 그 덕으로 팔순의 고령에도 글쓰기를 멈추지 않는 왕성한 창작의욕을 보였다.

관악산 산책길에서 미당이 생전에 '내 바위'라고 불렀던 바위에 앉아 휴식을 취하는 모습

4

서정주 시집들 서문, 발문 총람

■ 『花蛇集』(남만서고, 1941)

跋

詩를 사랑하는 것은, 詩를 生産하는 사람보다도 不幸한 일이다.

或이 일카러, 詩人의 悲慘한 生涯는 詩를 사랑하는 사람에게 보내는 아름다운 선물이라 하나, 어찌 사랑하는 者로 하여금 自己의 허므러저가는 分身을 손놓고 보게만 하는가.

내 이네들 周邊에 살은지 週年, 麝香芳草ㅅ길, 아름다운 잔듸밭에서 능금 따먹는 배암, 꿈꾀는 배암과의 邂逅를 어찌 奇緣으로만 돌리랴.

廷柱가 (詩人部落)을 通하야 世上에 그 찬란한 비눌을 번득인지 어느듯 五 六年, 어찌 생각하면 이 冊을 묶음이 늦은 것도 같으나 亦, 끝없이 아름다운 그의 詩를 위하야는 그대로 그 진한 풀밭에 그윽한 香臭와 맑은 이슬과 함께 스러지게 하는 것이 오히려 高潔하였을른지 모른다.

事實 附言은 章煥兄이 쓸 것이었으나 나로서는 이 詩集을 냄에

있어 여러 벗中에 유독 미미한 내가 이 跋文을 쓰게 된 것을 無限 부끄러히 여길 뿐이다.

「그여코 내 손으로 花蛇集을 내게 되었다.

내가 붓을 든 以後로 지금에 이르도록 가장 두려워하고 끄-리든, 이 詩篇을 다시 내 손으로 모아 한 권 詩集으로 世上에 傳하려한다. 아-사랑하는 사람의 災殃됨이어!」하고는 그만 그로서도 붓을 던지지 않을 수 없었다.

昭和庚辰之秋
金 相 瑗

■『歸蜀途』(선문사, 1948)

跋辭

畏友 徐廷柱兄과 나는 우리가 詩나 小說을 세상에 發表하기 始作한 以前, 文學的으로나 人間的으로나 가장 貴重한 時期에 있어 서로 사괴인 친구다. 爾來, 나는 그에 對한 尊敬과 사랑을 나의 唯一한 精神上의 財寶로서 쌓아 왔다. 그의 磊落不羈한 人格과 自由奔放한 詩魂은 그 處女詩集「花蛇集」을 通하여 이미 世上에 그「비늘을 번득인」바 있지만 그를 사랑하는 사람이건 싫어하는 사람이건 적어도 이땅에서 詩를 아는 사람이면 누구나 오늘날 우리들의 머리 속에서 이 惑星의 燦然한 光芒과 位置에 等閑할 수는 없을 것이다.

조선의 詩는 永郎, 芝溶, 龍喆, 河潤 等이 中心 되었던「詩文學」

의 出現을 말미아마 한 개「에폭」을 지은 것은 史實이다. 素月, 萬海, 相和, 相淳, 樹州, 月灘, 無涯, 等으로 代表되는「廢墟」「白潮」前後의 詩人들의 健康한 목소리와 素朴한 몸 갖음에다 現代的 感覺과 個性的 密度와 言語의 象徵的 技術을 플러쓰 해 준 것이「詩文學」一派의 正確한 功績이었다.

致環, 達鎭, 章煥, 廷柱들의 새로운「리리시즘」은 以上과 같은 土壤과 日光과 除草를 치러서 開花 되었던 것이며, 그같은 位置에서도 人間性의 새로운 開拓과 肯定을 向하야 가장 熾熱한 格鬪를 떠맡았던 사람이 廷柱다. 그는 家族과 친구와 日月과 天空과 그 모든 것과 訣別하고 알몸둥이로 勇敢하게「深淵」속으로 뛰어 들었다.「해와 하늘빛이 문둥이는 서러워, 보리밭에 달뜨면 애기 하나 먹고」그 흰 이빨을 엉글트린 채「우슴 웃는 짐승 속으로」뛰어 들었던 그 深淵의 記錄이 저「花蛇集」이라면, 深淵에서 다시「三月의 하늘가에 숨쉬는 꽃봉오리」를 바라보게쯤 된 것이 이「歸蜀途」일 것이다. 電光 輝煌한 鍾路 네거리에서도 해빛이 눈부시는 산마루 위에서도「叟那」는 얼마든지「참 많이 오는」것이어서「순이 영이 또 돌아간 남이야」들은「鄭도령」아닌「徐도령」의 가슴 위에「숨돌아오는 열두가지 꽃닢을 문질러」그를 하여금「무슨 꽃으로 문질르는 가슴이기에 나는 이렇게도 살고 싶으냐」하고 소리치며 이러나게 하였다.

致環이나 三家詩(靑鹿派)들처럼 처음부터 民族이나 自然에 情熱을 들어붓지 못하든 廷柱가「密語」「歸蜀途」에서「하늘가의 꽃봉오리를 바라보게」된 것은 진실로 눈물겨운 일이다. 詩人은 이제 敬虔한 얼굴로 그의 가슴 속에 피여난 열두 가지 꽃 빛깔을 세이기 시작하였다. 우리는 옷깃을 바로하고 그의 密語에 귀를 기우르기로 하자.

戊子 小春
金 東 里

■ 『徐廷柱詩選』(정음사, 1956)

自序

여기 前著 「花蛇集」 「歸蜀途」에서 選한 것 스물여섯篇과 「歸蜀途」 以後의 作品 二十篇을 합해서 「徐廷柱 詩選」이라 이름했다.

이렇게 추려놓았어도 무엇이 많이 모자라는 것 같아, 그저 마음이 후련찮을 따름이다.

살아있는 동안 계속해 애써 보겠다.

一九五六年 十一月 二日
徐 廷 柱

■ 『新羅抄』(정음사, 1960)

後記

이 詩集의 第一部는 新羅의 內部에 對한 若干의 摸索. 第二部는 그냥 近年 試作한 것들을 모아 놓은 것이다. 自己가 自己를 說明하는 건 쑥이라 하여 古來 잘 않던 일이지만, 便宜上 두어 마디 말씀하면, 이 詩集의 第二部에선 그 所謂 「因緣」이란 것이 重要킨 하였다.

이것들은 一九五六年 여름 以後에 이루어진 것이다.

辛丑 十月
徐 廷 柱 識

■ 『冬天』(민중서관, 1968)

後記

　一九六〇年 第四詩集 『新羅抄』를 낸 뒤 여태까지 發表해온 것 중 五十篇을 골라 모아 『冬天』이란 이름을 붙여 보았다. 그중 「마른 여울목」과 「無의 意味」두 篇은 新丘文化社版 『韓國詩人全集』속의 내 選集에 이미 收錄된 것이나 내 個人詩集 속엔 아직 끼이지 않았던 것이라 옮겨 여기 넣도록 했다.
　『新羅抄』에서 試圖하던 것들이 어느 만큼의 進境을 얻은 것인지, 하여간 나는 내가 할 수 있는 대로의 最善은 다 해 온 셈이다. 특히 佛敎에서 배운 特殊한 隱喩法의 魅力에 크게 힘입었음을 여기 告白하여 大聖 釋迦牟尼께 다시 한 번 感謝를 表한다.

一九六八年　八月
未堂　徐　廷　柱　識

■ 『徐廷柱文學全集』(一志社, 1972)

自　　序

　나이 쉰 여덟이나 되어서 겨우 自己 文學의 全集을 가지게 된다는 것은 별로 부끄런한 꼴도 되지는 못하지만, 적당한 게으름의 덕으로 그래도 목숨을 부지하고 文學을 해 온 나 같은 사람의 마음의 걸음걸이로는 自足해야 할 일인 성싶다.
　내가 一九三六年 正月 초하룻날에, 東亞日報 新春懸賞文藝의

詩部에서 「壁」이란 小品으로 當選해서 文壇에 발을 들여놓은 지 벌써 三十七年이 가까운 동안에, 겨우 이 全集 다섯 卷에 收錄된 이만큼한 것밖에는 쓰지 못했다는 것은 내 욕심에 흡족한 것은 되지 못하지만, 결국은 요만큼밖에 안 된 것도 내 能力 그대로이니 할 수 없는 일이다.

그러나 섭섭하다면 섭섭한 것은, 내가 多難한 環境에 덧붙여서 또 多難한 自己를 지탱해 살아 오느라고, 一九三六年 以來 여기 저기 新聞 雜誌에 발표해 온 글들을 제대로 스크랩도 다 해 오지 못한 데다가, 또 一九五〇年의 動亂 뒤 三年間의 갈피 못 차리던 流浪으로 그나마 가졌던 것들마저 적지 아니 없어져서, 내가 쓴 것의 全景을 여기 보일 수 없이 된 일이다. 弟子와 後輩들 가운데는 자기들이 그것들을 다시 蒐集해 보겠다고 원해 오는 이도 더러 있긴 하지만, 이것은 된다 하더라도 상당한 세월을 두고 뒷날을 기다릴 밖에 없는 일이겠다.

나는 내가 뒤에 이렇게 全集을 내게 되리라 豫定하고, 그 準備까지도 하고 살 만큼 팔자 편하게 산 사람이 아니어서 이렇게쯤 되었고, 또 곰곰 생각해 보면 이런 式도 한 맛이라면 맛이기도 하긴 할 것이니, 그쯤 理解 있으시길 바란다.

끝으로, 나를 아끼어 이 全集을 만드노라고 많은 手苦를 하신 一志社 金聖哉 社長과 李起雄 詩友, 그 밖의 여러분들에게 衷心으로 感謝의 뜻을 표한다.

一九七二年 十月
冠岳山 蓬蒜山房에서
未堂　徐廷柱 識

■ 『질마재 神話』(일지사, 1975)

自序

 내 마음속인 즉 꼭 열일곱 살만할 뿐인데, 벌써 回甲이 되었다고 가까운 後輩들이 이걸 紀念하여 詩集을 또 한 권 내자고 해서 그러기로 하고 題目하여 『질마재 神話』라 한다. 이 『질마재 神話』는 近年 「現代文學」誌와 「詩文學」誌에 連載해 온 散文詩들로 題目의 그 「질마재」는 내가 생겨난 고향마을의 이름이다. 이 마을의 東쪽에 「질마재」라는 山이 있어 마을에도 그 이름이 붙게 된 것이다.

 第貳部를 이루는 노래들은 一九七三年 한 해 동안 雜誌 「月刊中央」의 卷頭詩로 매달 連載했던 것으로, 作曲되어 노래 불리어지기를 바래 字數를 맞춘 定型詩로 쓴 것들이다.

 이 冊의 印行을 맡아 주신 一志社가 고마웁다.

一九七五年　仲春
冠岳山　蓬蒜山房에서
未堂　徐　廷　柱　識

跋

 近 二〇年 전의 어느 해 가을 未堂 선생은 그 당시 내가 일하고 있던 現代文學社에 와 詩 한 편의 원고료를 손수 탔다. 그때나 지금이나 詩 한 편의 稿料라면 형편없는 액수인데 未堂 선생은 슬쩍 내게 눈짓을 보냈다. 출출한데 나가서 한 잔 하자는 것을, 눈치밥으로 자란 내가 모를 리가 없다. 따라 나섰다.

 해가 기울 무렵이었다. 술집에 들어서니 손님은 없고 안주인이 방문을 열어 놓은 채 이불을 꾸미고 있었다.

——아주머니 가을 이불 꾸미는 걸 보니까 내 마음이 아주 찬란해지는데…어때, 이 찬란한 것, 在森은 아시지, 술맛 나겠구먼.

　이 간단한 한 말씀이 내게는 두고 두고 잊혀지지 않는다. 나는 아무렇지 않게 들어섰건만 그분은 天成의 詩人답게 凡常한 것에 아름다움을 부여하고 驚異의 눈을 집중시키고 있었던 것이다. 이것은 또한 그분의 눈이 항상 젊어 있다는 증거일 거라고 생각하기도 했었다.

　그 젊어 있는 눈, 그것 때문에 그분은 우리 詩壇의 先頭走者가 되어 왔고, 底力 있고 活氣 있는 詩를 줄곧 써 온 것으로 알고 있다.

　그런 未堂 선생이 어느새 回甲을 맞이하게 되었다는 것이 내게는 도저히 믿어지지 않는다. 창창한 젊음을 가진「徐廷柱의 詩」에 老年을 생각하고 싶지 않은 인간적 常情이 남는 것을 어쩔 수 없다.

　그분의 이 젊음 때문에, 回甲이라 해서 후배들이 頌壽詩나 써서 책으로 내어 바치는 일을 지양하고, 그분의 創作詩集을 내는 것으로 回甲을 기리게 된 것으로 안다. 그분의 말마따나 이 일은 아주「찬란한 것」이다.

*

　이 　詩集은 「花蛇」(三八년), 「歸蜀途」(四六년), 「徐廷柱詩選」(五五년),「新羅抄」(六○년), 「冬天」(六八년)에 이은 여섯 번째의 詩集이 된다.

　「花蛇」에서는 충격적이고 官能的인 목숨의 절규를,「歸蜀途」에서는 고향 回歸의 靜態的 觀照의 세계를 보여주었고,「徐廷柱詩選」에서는 深化되고 奧達된 完熟의 生體驗의 깊이를,「新羅抄」에서는 圓融의 形而上的 理想鄕을, 그리고「冬天」에서는 佛敎의 三世因緣의 美學을 보여주었다.

　이렇게도 다양한 세계를 추구함에 있어 그분은 항시 高次元의 예술적 審美眼에 그 핀트를 맞출 수 있었기 때문에 작품이 獨步的으로 빼어나고 성공할 수 있었던 것이다. 그야말로 大家의 경지를 열어 갔던 것이다.

　이번의 이 詩集은 그분이 詩壇生活 四〇년에 쌓은 大家的 風貌를 여실히 보여주고 있다. 第壹部「질마재神話」는 散文詩로서 土俗的이고 呪術的이기까지 한 세계가 눈치를 살피지 않는 대담한 언어 구사를 통하여 파헤쳐지고 있다. 散文의 형식을 빌고 있기 때문에 그런지, 그분의 다른 詩에 비하여 훨씬 더 肉聲的이다. 기교를 부리지 않는 품으로는 李朝木器의 고운 때가 오른 素朴美를 대하는 느낌이다. 그리고 第貳部「노래」는 일종의 月令歌 형식으로서 字數律에의 구속적 자유를 생각하고 쓴 詩다.

　그래서 이번의 이 詩集은 그분으로서는 처음으로 시도한 散文詩와 定型詩라는 데서 形式美에 대한 새로운 可能을 연 것이라 할 수 있다. 그러나 形式美라 하더라도 역시 그 내용을 이루는 것은 先驗的으로 파악된 土俗的 審美 의식이 主調가 되어 있는 것은 말할 나위도 없다.

　四〇년 동안의 詩業이 詩集 여섯 권이라고 한다면 그렇게 많은 수량은 아니련만, 그러나 한 권 한 권이 새롭고 번쩍이는 세계를 開現시켰다는 데 위대한 詩人으로서의 문제를 주었고, 또 이번의 이 詩集에서도 그 업적은 다른 세계를 하나 더 보태어 주어 놀랍기만 하다. 더구나 그것이 回甲을 기념해서 나오게 되니 어리석은 후배는 讚詞가 모자랄 뿐이다.

　오래 전에 가을이불 꾸미는 것을 보면 그「찬란한 마음」을 未堂 선생은 지금도 구기지 않게 지니고 있을 것을 祈願하며, 長壽하셔서 우리 詩의 광을 잘 내 주시기 빈다.

　　　　　　　　　　　　　　　　　　一九七五년　五월
　　　　　　　　　　　　　　　　　　　朴　在　森

■ 『떠돌이의 시』(민음사, 1976)

自序

　이것은 내 꼭 40年의 이곳 詩壇生活에서의 일곱 번째 詩集이 된다. 나는 對人關係에서는 마지 못하면 거짓말도 더러 해 왔지만, 詩에다가까지 그러지는 못했었으니까 그런 뜻으로는 「정말」이라는 제목을 붙일까도 했지만, 그보다는 역시 「떠돌이」쪽이 마음 편하게 느껴져서 고로초롬 하기로 했다.

　나는 아주 젊었을 때 한동안 떠돌이의 自由를 누려보고는 家庭과 職場에 매여 오랫동안 그걸 마음대로 못하고 지냈는데, 인제는 멀지 않해 大學의 停年도 되고 하니 다시 그 自由가 可能할 듯해 그 豫備練習을 조금씩 해보고 있는 중이다. 그래서 이 책 제목을 그렇게 한 것이다.

　나는 아직도 많이 웃음이 서투른 사람이어서 이것을 존더 원만히 되도록 노력하며 잘 흘러다녀볼 생각이다. 그 다음에는? 글쎄, 좋은 老松 몇 그루의 松籟소리나 벗해서 숨소리를 잘 그런데 맞추는 연습이나 하다가 씨익 한 번 웃고 점잔하게 숨 넘어 가면 되는 것이 아닌가?

1976年 첫 봄
冠岳山 餘石窟에서
未堂 徐 廷 柱 識

■ 『西으로 가는 달처럼』(문학사상사, 1980)

自序

　여기 실은 世界紀行詩 115篇의 詩作品들은 내가 1977년 11월 26일로부터 1978년 9월 8일까지에 걸치는 동안에 五大洋 六大洲를 자유로이 헤매고 떠돌아 다니며 보고 듣고 생각하고 느낀 것들을 放浪旅程의 順序를 다라 表現해 놓은 것들이다. 열달이나 되는 동안을 육십이 넘은 나이로 무거운 짐들을 메고 끌고 이어서 떠돌아 다니기는 많이 고단키도 한 일이어서 「도중에 죽게 되면 죽자」는 決死的인 작정이 필요했었다. 그래 中美의 멕시코에서는 45%의 咯血을 하고, 거기 사람 피를 사 輸血을 받고 再出發해 나서기도 했던 것이다.

　美國과 캐나다, 中南美 여러 나라들과, 아프리카 몇 나라, 유럽 14개국과 近·中東과 濠洲와 東南亞의 나라들을 이어 떠돌면서 각기 다른 珍風異俗이나 世態人情, 自然과 文化의 特長點, 그런 것들을 우리나라 것과 대조하며 열심히 보고 듣고 다닌 점에서는 나도 물론 딴 旅行客들과 마찬가지였지만, 특히 내가 獨自的으로 눈독을 올려 찾기에 골몰하고 다닌 외국사람들이 살고 있는 深層의 生의 魅力의 간절함이었다. 물론 이것은 그들의 오랜 전통과 아울러서다.

　그리고 또 물론 어느 경우에도 나는 나대로의 判斷과 審美 標準에 따른 文明批評의 眼目을 감고 있은 일은 없었다.

1979년 11월 26일
冠岳山 蓬蒜山房에서
未堂　徐　廷　柱　識

■『鶴이 울고 간 날들의 詩』(소설문학사, 1982)

自序

　나는 一九七七年 가을에서 一九七八年 가을까지 約一個 星霜에 걸쳐 이 地球上의 世界의 遍歷을 한 내용으로 「世界紀行詩集」을 執筆해 發行한 뒤, 다시 마음이 切實히 내키는 바 있어, 우리 韓國 半萬年史 속의 遍歷에 着手하여, 그걸로 「文學思想」誌에 二十一個月에 걸쳐 連作詩를 揭載해 왔는데, 「鶴이 울고 간 날들의 詩」란 題名으로 된 그것이 卽 이 詩集을 이루는 것이다. 世界의 精神史 속에서 우리 韓國의 精神史라는 것은 얼마 만큼한 比重을 가질 수 있는가?―― 이걸 요량해 보고, 또 거기 該當하는 矜持도 장만해 가져 보려는 게 내 意圖였는데, 이 點 내 豫想한 대로 그 矜持도 찾아 가질 수 있게 되어 多幸이었다.
　내가 우리나라 歷史를 다시 공부하면서 무엇보다도 많이 感銘하게 된 것은 우리 國祖 檀君 以來 各王朝를 통해 綿綿히 우리 精神史 속을 貫流해 온 그 우리 固有의 思想인 風流精神이었다. 하늘에서 오는 맑고 밝은 빛 그것처럼 늘 변함이 없이 으젓한 이 마음은 三國時代 以後 佛敎나 道敎 儒敎 其他 外來思想의 影響을 받으면서도 늘 한결같이 우리 精神史의 밑바닥을 底流해 온 흔적들이 各時代가 빚은 이야기들 속에는 많이 비치고 있어, 내게는 대단히 神奇한 感動이 되었었다. 언제 어느 경우에도 絶望은 하는 일이 없던, 어느 逆境에서도 웃을 힘을 가진 이 으젓하고 餘裕있는 끈질긴 先代의 國風―― 어찌 이것이 不感의 對象일 수가 있겠는가? 이 精神이 우리 國史 속엔 늘 이어 살아 있어, 이걸로 우리는 한 矜持 있는 民族으로 참고 견디어 왔던 걸로 보인다.
　여러 말 할 것 없이, 내가 우리 過去史의 各時代의 各狀들 속에서 찾아 헤맨 그것들이 어떤 特質들로 된 것들이었는가 하는 點은 讀者 여러분들께서 보시고 吟味해 달라고 부탁할밖에 딴 道理가 없겠다.

■ 『西으로 가는 달처럼』(문학사상사, 1980)

自序

　여기 실은 世界紀行詩 115篇의 詩作品들은 내가 1977년 11월 26일로부터 1978년 9월 8일까지에 걸치는 동안에 五大洋 六大洲를 자유로이 헤매고 떠돌아 다니며 보고 듣고 생각하고 느낀 것들을 放浪旅程의 順序를 다라 表現해 놓은 것들이다. 열달이나 되는 동안을 육십이 넘은 나이로 무거운 짐들을 메고 끌고 이어서 떠돌아 다니기는 많이 고단키도 한 일이어서 「도중에 죽게 되면 죽자」는 決死的인 작정이 필요했었다. 그래 中美의 멕시코에서는 45%의 咯血을 하고, 거기 사람 피를 사 輸血을 받고 再出發해 나서기도 했던 것이다.

　美國과 캐나다, 中南美 여러 나라들과, 아프리카 몇 나라, 유럽 14개국과 近・中東과 濠洲와 東南亞의 나라들을 이어 떠돌면서 각기 다른 珍風異俗이나 世態人情, 自然과 文化의 特長點, 그런 것들을 우리나라 것과 대조하며 열심히 보고 듣고 다닌 점에서는 나도 물론 딴 旅行客들과 마찬가지였지만, 특히 내가 獨自的으로 눈독을 올려 찾기에 골몰하고 다닌 외국사람들이 살고 있는 深層의 生의 魅力의 간절함이었다. 물론 이것은 그들의 오랜 전통과 아울러서다.

　그리고 또 물론 어느 경우에도 나는 나대로의 判斷과 審美 標準에 따른 文明批評의 眼目을 감고 있은 일은 없었다.

1979년 11월 26일
冠岳山 蓬蒜山房에서
未堂　徐　廷　柱　識

■ 『鶴이 울고 간 날들의 詩』(소설문학사, 1982)

自序

　나는 一九七七年 가을에서 一九七八年 가을까지 約一個 星霜에 걸쳐 이 地球上의 世界의 遍歷을 한 내용으로 「世界紀行詩集」을 執筆해 發行한 뒤, 다시 마음이 切實히 내키는 바 있어, 우리 韓國 半萬年史 속의 遍歷에 着手하여, 그걸로 「文學思想」誌에 二十一個月에 걸쳐 連作詩를 揭載해 왔는데, 「鶴이 울고 간 날들의 詩」란 題名으로 된 그것이 卽 이 詩集을 이루는 것이다. 世界의 精神史 속에서 우리 韓國의 精神史라는 것은 얼마 만큼한 比重을 가질 수 있는가?──이걸 요량해 보고, 또 거기 該當하는 矜持도 장만해 가져 보려는 게 내 意圖였는데, 이 點 내 豫想한 대로 그 矜持도 찾아 가질 수 있게 되어 多幸이었다.

　내가 우리나라 歷史를 다시 공부하면서 무엇보다도 많이 感銘하게 된 것은 우리 國祖 檀君 以來 各王朝를 통해 綿綿히 우리 精神史 속을 貫流해 온 그 우리 固有의 思想인 風流精神이었다. 하늘에서 오는 맑고 밝은 빛 그것처럼 늘 변함이 없이 으젓한 이 마음은 三國時代 以後 佛敎나 道敎 儒敎 其他 外來思想의 影響을 받으면서도 늘 한결같이 우리 精神史의 밑바닥을 底流해 온 흔적들이 各時代가 빚은 이야기들 속에는 많이 비치고 있어, 내게는 대단히 神奇한 感動이 되었었다. 언제 어느 경우에도 絶望은 하는 일이 없던, 어느 逆境에서도 웃을 힘을 가진 이 으젓하고 餘裕있는 끈질긴 先代의 國風──어찌 이것이 不感의 對象일 수가 있겠는가? 이 精神이 우리 國史 속엔 늘 이어 살아 있어, 이걸로 우리는 한 矜持 있는 民族으로 참고 견디어 왔던 걸로 보인다.

　여러 말 할 것 없이, 내가 우리 過去史의 各時代의 各狀들 속에서 찾아 헤맨 그것들이 어떤 特質들로 된 것들이었는가 하는 點은 讀者 여러분들께서 보시고 吟味해 달라고 부탁할밖에 딴 道理가 없겠다.

끝으로 이 詩集의 刊行을 快히 맡아주신 「小說文學社」 社長 金在元 氏에게 感謝의 뜻을 여기 表한다.

一九八一年 十一月 二十四日 아침
冠岳山 蓬蒜山房에서
未堂 徐 廷 柱 識

■ 『안 잊히는 일들』(현대문학사, 1983)

詩人의 말

　세월이 제 아무리 지나가도 영 잊혀지지 않는 일들은 스스로 시가 될 자격을 갖는 것이라는 생각으로 이 시집을 만들기는 했으나, 이것들이 얼마만큼의 표현력과 전달력을 마련해 가진 것인지 막상 그 발행에 처하니 주저스럽기만 하다. 점입태산(漸入泰山)이란 바로 시의 일인 것이다.
　68세의 지금에 이르도록까지 근 반세기 동안 나는 이 책까지 꼭 열 권의 조그만 시집들을 만들어 가졌지만, 늘 허기지고 안타까운 욕구불만으로만 일관해온 게 사실이었다. 그렇지만 그 덕으로 나는 아직도 문학청년적인 열성만큼은 가지고 있는 자니 이거나 하나 다행이라면 다행이라 할까? 하여간에 숨결이 완전히 이 태허(太虛)의 공기 속에 환원될 때까지는 숙명적인 이 열성의 뒤를 따르고 또 따를밖에는 별 수가 없다.
　이 시집의 출판을 쾌히 맡아주신 大業 現代文學社에 깊은 감사의 뜻을 표한다.

1982년 12월 23일
冠岳山 蓬蒜山房에서
未堂居士　徐 廷 柱 識

■『未堂 徐廷柱 詩 全集』(민음사, 1983)

自序

　여기에 民音社의 도움으로, 내가 근 오십년에 걸쳐서 써온 내 詩의 전집을 내기로 했다. 1941년에 낸 내 첫 시집『花蛇集』으로부터 지난해에 낸『鶴이 울고 간 날들의 詩』까지에 이르는 아홉 권의 시집 내용의 전체와 1972년 간행의『徐廷柱文學全集』제 1권인 詩集 속에만 들어 있는 약간의 詩篇들을 모다 합친 것이니 명실공히 젊어서부터 1982년까지의 내 詩作의 전부를 수록한 것이다.
　〈그저 소같이 미련하게는 고지식하게 이어서 해 왔구나〉하는 느낌이 있을 뿐이다. 나도 올해에 그득히 68세가 되었으니 어쩔 수 없이 황혼의 인생은 인생인가 본데, 소원이 있다면 이것들이 내 死後에도 되도록 오래 어느 만큼의 독자들의 심금을 울려 가 주었으면 하는 것뿐이다.
　그러나 나는 마음속으로만은 내 나름대로의 정신의 영생(永生)이라는 것도 생각할 줄도 알고 사는 사람인지라, 늙었으니 그만 덮어 두자던가 그런 작정도 전혀 하지는 않는다. 숨이 아조 내게서 넘어가는 그때까지 나는 인생의 간절한 것들을 늘 추구하고 또 추구할 것이다.

1983年　3月　28日
冠岳山　蓬蒜山房에서
未堂　徐　廷　柱　識

1991년版　自序

　여기 1983년에 처음 발행한 내 詩全集에다가 그 뒤에 낸 네 권의 詩集들을 보태, 내가 지금까지 출판한 시집들 전부를 수록기로 했다.

이번에 새로 들어가는 시집들을 출판 연대순으로 보면, 처음 것이 1983년 5월에 現代文學社에서 발행한 『안 잊히는 일들』로 여기에서 나는 이때까지의 내 생애에서 안 잊히는 일들을 단편적으로 골라 作詩해 모았고, 1984년 3월에 正音文化社에서 펴낸 시집 『노래』에서는 作曲을 위해 字數律을 맞추는 作詩를 하여, 우리의 전통적 민족정서의 좋은 것들 속에 우리가 공동 호흡할 수 있는 것을 주로 모색했다. 그리고 1988년 혜원출판사에서 낸 시집 『팔할이 바람』은 한국일보사의 일간스포츠에 연재했던 것으로 自由詩形 발라드 形式 속에 내 자서전적인 내용을 담은 것이고, 금년 1991년 정월에 民音社에서 낸 시집 『山詩』에서는 이 지상의 중요한 山들이 각기 그 놓인 나라들의 신화와 전설과 민화와 함께 숨 쉬고 있는 모습의 정신적 특징들의 매력을 부조해 보았다.

　그래 나는 인제 77세의 늙은이로서, 이 詩全集의 앞에 나와서 서 있는데, 그러나 나는 아직도 늙었다는 생각은 털끝만치도 없고, 〈그저 한 文學靑年이다〉는 생각뿐이고, 또 아는 것보다는 모르는 것이 훨씬 더 많기만 하므로 불가불 공부를 아조 많이 더 해야만 하겠기에 인제부터는 다시 한 학생의 신분으로만 돌아가서 살려고 한다. 現世의 나이도 何二百歲쯤을 主義로 해서 새로 탐구하고 탐구하며 살아보려는 생각뿐인 것이다.

1991년　6월　13일
冠岳山　蓬蒜山房에서
未堂　徐　廷　柱

1994년版　내 詩全集　自序

　내가 지낸 60년 동안쯤 이어서 써 모아둔 詩들이 인제 民音社의 好意로 세 권의 全集으로 전부 모아져 나오는 것을 보게 되니 감사하고 흐뭇한 느낌뿐이다. 그러나 나는 한 詩의 表現者로서는 늘 欲求不滿의 한 文學靑年일 따름이니 내가 흐뭇하다고 한 것은 이걸 말하는 것이 아니라, 내가 내 첫 詩集 이후 최근까지 발행해 온 모든 詩集들이 모두 한 자리에 모이게 된 것을 보는 그 흐뭇함을 느끼는 일임에 지나지 않는다. 하지만 지금 80 나이에 앉아 있는 내 생각으로는 〈詩의 마음뿐만이 아니라 모든 人生의 마음은 끝나는 일이 없다〉는 생각뿐이니, 그래서 나는 내게 숨이 남아 있는 날까지는 내 詩의 일을 계속하다 갈 것이고, 되도록이면 나의 이 일이 歷史 위에서 조금씩이라도 有效할 날이 길기만을 바랄 따름이다.

나는 최근 4, 5년 동안 地球 위의 최고봉인 에베레스트 산을 비롯해서 이 세계의 名山 1,625개의 이름을 아침마다 불러외고 지내고 있기 때문에 말이거니와, 이 세계의 명산 1,625개를 다 포개놓은 높이보다도 詩의 높이와 깊이와 넓이는 한정없기만 한 것이다는 게 이 글을 쓰고 있는 지금의 내 실감이다.

1994년 11월 21일
冠岳山 蓬蒜山房에서
未堂　徐 廷 柱

■ 『팔할이 바람』(혜원, 1988)

自序

여기 상재하게 된 졸시 「팔할이 바람」은 말하자면 자유시형 담시(ballade)의 문장 형식으로 시험적으로 표현된 내 요약된 자서전으로서, 1987년 7월부터 12월까지 반 년간 '일간스포츠'지에 연재하여 전부 52장으로 매듭지은 것이다. 이 장시에서 나는 내 어렸을 때부터 70의 고희(古稀)에 이르기까지의 내 생애에서 잊혀지지 않는 사건들만을 다루었다.

그리고 나는 이 시에서 형용수식의 미가 아니라 행동들의 조화의 패턴이라는 것을 내 나름대로 여러 모로 시험적으로 추구하여 이것들을 현대의 욕구불만자들에게 참고로 제시해 볼 목적이었는데 이게 어느 만큼이나 그 효력을 나타낼 수 있을는지 그건 나로서도 미지수일 따름이다.

이것이 무엇으로건 우리 시의 한 매력이 될 수 있었으면 하는 희망을 걸어볼 뿐이다.

끝으로 이 시집의 맞춤법은 내 원고에 충실했음을 밝혀둔다.

1988년 1월 15일
관악산 봉산산방에서
미 당 서 정 주

『팔할이 바람』 해설

서정주의 시세계   박 재 삼

간혹 문학 청년으로부터 질문을 받을 때가 있다. 어떻게 하면 시를 잘 쓸 수가 있느냐고. 참으로 막막하고 아득하기 짝이 없는 것을 분명하게 '이것이다'하고 집어들어 말할 수가 없는 것이다. 그것은 원초적으로 '시란 무엇이다'라고 명쾌하게 답변을 못하고 있는 처지에 하물며 그 위에 있는 '잘 쓴다'는 것을 요령있게 설명한다는 것은 거의 불가능한 것으로만 보인다.

그러나 애매하고 모호한 대로 거기에 대한 답변이 전혀 없는 것은 아니다. 그것은 '혼자 깨닫는다'는 것이 무엇보다 중요하다는 말을 하고 싶다. 실제로 항상 말에 대해서 공들인다는 것을 통하여 명시를 쓰는 데까지 육박해 갈 수밖에는 도리는 없는 것이다. 그러니까 그저 일사분란으로 쓰는 것을 부지런히 하는 가운데 보다 정도(正道)에 가까이 가는 것이라고 본다. 여기에는 뭇 어려움을 겪는 것이고 어디까지나 지름길은 없다고 하겠다.

나는 시골 중학교에서 김상옥 선생에게서 가르침을 받았다. 시에 대한 기초를 배운 것은 그 선생한테서다. 그러나 미구에 그 선생은 우리 고향을 떠났다. 그러면서 나 혼자 열심히 쓰고 어떻게 하면 잘 쓰느냐는 것을 항상 생각하고 있었다. 그러던 중 1954년 「현대공론」이란 잡지에서였다.

서정주 선생이 쓴 〈무등(無等)을 보며〉(처음 발표될 때는 〈무등(無等)에서〉라는 제목을 달았던 것으로 기억한다)를 접하게 되었다. 그것을 본 것을 계기로 나에게는 '좋은 시란 이런 것이구나'하고 황홀한 깨달음을 얻게 되었다. 그런 의미에서 나에게는 새로 태어난 눈을 갖게 해 주었다는 점에서 그때의 상황을 시의 자각기라고 할 수 있었다.

그것이 또한 「현대문학」이 1955년에 창간되었는데 그 때 나는 창립 기자로 약 10년 동안 그 곳에서 근무했고, 그 때부터 서정주 선생의 시에 매료되었으며 1954년 〈무등을 보며〉 이후 1955년 〈산중문답〉〈전주 우거(寓居)〉〈산하일지초〉〈광화문〉, 1956년의 〈학의 노래〉 등 명품(名品)이 속속 나왔던 것이다. 그 무렵을 헤아려 보니 선생의 나이 40대 초반, 아마도 이 때가 가장 왕성한 시기가 아니었던가 생각된다.

선배되는 시인들이 남긴 명시를 가만히 따져볼 때, 기껏해야 한두 편에 머물고 마는데 그 분은 그 편수가 월등 앞서 있다는 것, 이것만으로도 그 선생을 당할 사람이 아무도 없다는 것은 명약관화한 사실이다. 따져 보라. 이것은 누가 보아도 부인할 수 없는 역사적 사실이 아닌가.

나는 곰곰 생각하는 것이다. 우리 나라의 현대 시문학사는 최남선 선생이 처음 발표한 〈해에게서 소년에게〉 이후라고 볼 때 기껏해야 80년, 한 사람의 생애 만한 길이밖에 안되고, 거기에 일제의 침략, 6·25 동란 등으로 아롱졌던 척박한 풍토에 미당 그 분이 들어 얼마나 기름진 옥토로 탈바꿈을 시켰는가. 아마 질로는 가장 상품의 시를 남겼다는 것이 우리들이 가진 든든한 복이라는 사실이다.

그 분은 우선 선천적으로 그럴 수 없는 자질을 가지고 태어났고, 후천적으로는 언어의 음양과 장단을 누구보다도 부지런히 재어 시의 밭을 잘 갈아 경영을 잘한 솜씨가 그 분으로 하여금 일등 가는 시인이 되게 했다고 믿는다. 그래서 나는 누가 한국에서 시인 한 사람을 뽑으라고 한다면 단연코 서정주 선생을 내걸기를 주저하지 않겠다. 이 사실은 나만 고집을 주장하는 것이 아니고, 역사적 큰 슬기가 그렇게 결정해 주는 것밖에 다른 것이 아니다.

여기 내놓은 산문시집 「팔할이 바람」은 일간스포츠지에 연재했던 것으로서 그의 인생에서 크고 작은 무늬만 중점적으로 떠올린 일종의 시로 쓴 자서전이라고 하겠다. 물론 잘 다듬고 가꾼 것을 이런 서사시에서 바란다는 것은 아니다. 그런 대로 시인이 포착한 렌즈는 그것이 어디까지나 시적인 리듬이나 톤을 외면하지 않고 있다는 엄연한 사실이다.

> 손등에 굵은 심줄 새파랗게 드러난
> 진땀나는 삼십대의 수녀(修女)같은 색시가
> 웃 도리만 입은 나를 참말로 사랑해
> 그 무릎에 끌어안고 부채질을 해주시네.
> 발가벗은 내 아랫도리 꼬치에다가
> 귀엽다고 더 열심히 부채질을 해주시네.
>
> 방안에는 성탄절날 수녀같은 색시들이
> 대여섯 명, 그 중에 한 색시가 말씀을 하네.
> 내 꼬치 모양이 특히 좋다고 굽어다보며

"아호 고 꼬치에 땀방울이 이뻐"하고
음력 초사흘날 달눈썹 아래
초롱같은 두 눈에 볼을 밝혀 속삭이네.
아아 나로 말하면, 이 나로 말하면
그 말씀과 그 눈 그 눈썹을
아조 잊어버릴 수는 영원히 없을거야.

　서두에 나온 것만 해도 하나 가리는 것 없이 소박하게 느낀 것을 그대로 토로하고 있다. 언뜻 보면 아무렇지 않은 사실도 시인의 옳은 눈이 파악하면 그것이 바로 진실이 되는 비밀을 은연 중에 내비치고 있는 것이다. 오브제 자체가 범용하더라도 문제는 그것에다가 시적 개안(開眼)을 가졌다는 것이 우리에게는 무섭게 다가온다는 사실을 새삼스럽게 느낀다.
　'음력 초사흘날 달눈썹 아래 / 초롱같은 두 눈에 볼을 밝혀 속삭이네' 같은 대목은 눈이 천리안(千里眼)에 닿아 있음을 알려주고 있는 구체적인 예다. 달눈썹이라 표현한 솜씨도 놀랍거니와 그 초롱같은 눈에 불을 밝혀 속삭인다는 것은 높은 혜안(慧眼)이 파악한 세계라고 하겠다. 눈에 띄는 대로 손쉽게 뽑은 데서도 그러니 이것은 어디에 연유하는 것인가.
　이것은 그 분이 타고나기를 시적 섬광이 무섭게 반짝이는 성좌를 이미 가지고 있었다는 것이 된다. 사실 시인에게 있어 이것처럼 큰 재산이 되는 것은 따로 없다. 이 광채가 빛나는 시인이 우리 주변에는 둘러보아야 그 분을 따를 만한 사람이 별로 없다는 것이 현실인 것이다. 그래서 그 분은 무엇을 만지더라도 그 분의 손이 닿으면 희한한 말솜씨로 꽃이나 별이 절로 생겨나는 세계로 유인되고 만다.
　쉬운 예로 저 석굴암의 돌에서 그렇게 부드러운 꽃이나 별을 떠올리는 감성처럼 그 분의 말이 빚는 연금술적 기조 하나로 꼼짝없이 보게 되는 다른 세계가 홀연히 탄생하는 것이다. 이 비밀은 그저 입을 짝짝 벌릴 수밖에 없는 득특한 세계를 탄생시켰다. 이것은 족히 불교에서 가르치고 있는 염화시중(拈華示衆)의 본보기를 그 분이 하고 있는 것이 아닌가 싶기만 하다.

어떤 분이 말했다. 우리가 이 세상에서 그 분을 만나고 안다는 것이 복받은 인연이라고. 그만큼 광채나는 곳에 근접해 있다는 것을 너무 모르고 있는 실상인지 모른다. 높은 산은 정작 그 산에 들었을 때는 그 높이를 미처 우러르지 못하다가 그 곳을 떠나오고 나서야 진실로 명산임을 생각하듯이 그 분도 가까이 있을 때는 예사로 대하다가 그 분에게서 떠나오고 나서야 그 분의 일거수일투족을 뒤늦게 헤아리게 되는 그런 셈이라고 할까.

다만 그 분은 이제 고희를 넘겼으니 그럴 것으로 알지만 요 몇 년 새 나온 시집은 주로 산문시적 전개만 하고 있는 것이 특이하다. 「서(西)으로 가는 달처럼」이나 「학이 울고 간 날들의 시」가 다 그렇고 이번 「팔할이 바람」역시 그 범주에 속한다. 아마도 운문 일변도로 나가는 것보다 산문의 형식도 시에 도입하고 싶었던 것이 형식적으로 그렇게 되었다고 믿는다. 문제는 그런 형식성이 중요한 것이 아니고 그 바탕에 시를 까는 내용이 으뜸이라고 한다면 그 분이 최근 지향하고 있는 일은 충분한 가치가 있는 것이라고 본다.

아무리 형식은 산문의 일부를 빌려 왔다고 하더라도 시를 안 떠나고 있다는 것이 요긴하다고 하겠다. 그 분의 이미지 표출은 참으로 끈적끈적하고 대담하기까지 하다. 이런 것도 시가 되느냐 싶지만 진흙 속에 생명력을 불어넣는 신비력을 보이고 있는 것이다.

나는 사실 평론가가 아니기 때문에 이 산문시의 해설을 감당하기에는 어딘가 미진하다. 그래서 다만 그 분이 가진 시적 위대성 하나만 드는 것으로 문책을 면할까 한다.

■ 『산시』(민음사, 1991)

自序

이 땅 위에 생겨난 누구나가 다 그러는 것처럼 나도 어려서부터 지금까지 내 딴으로는 그 山들에 대해서 여러 가지 느낌과 생각을 만들어 지니며 그리워해 왔었다.

그것이 回甲을 지내고 또 古稀를 지낼수록 내게는 그 親近感이 점점 더 간절해져서 外地에 나가 있을 때에도 가능하면 먼저 이 山 쪽으로 발을 옮기곤 했던 것인데, 인제 이 世界의 山들을 두고 쓴 내 詩作들을 묶어 大業 民音社에서 출간하게 되니 속이 후련해진다.

읽어 보시면 아시겠지만, 이 世界의 山詩들의 내용 속에다가는 그 山들이 소속해 있는 나라들의 神話와 傳說과 民話들을 밉지 않게 깔기에 주력하였고, 거기 불가불 어리어 나오는 각기의 思想性에 대해서도 내 主見을 되도록 줄이고 그 각기의 特長點으로 보이는 것들을 겸허하게 받아들이기에 마음을 썼다.

또 山들의 이름들 사이에 연관되는 意味와 그 暗示力의 효과 쪽을 모색하다 보니, 거기에서 예상 밖으로 부조화하는 것들 사이의 새 조화라고 할 수 있는 것들이 빚어져 나오기도 하여 이런 경우엔 큰 발견이나 한 것처럼 기쁘기도 했었다.

내가 전연 거기 말을 모르는 이란, 터키, 인도네시아, 아라비아半島, 이집트 등의 山 이름들을 되풀이해서 외다 보니, 여기에서는 또 우리 한국말 비슷하게 들려오는 것도 어느 만큼 있어서 그걸 연관시켜 보니 그것도 한 재미가 있어, 그런 덕택으로 戲作이라 할까 그런 걸 만들어 본 것도 몇 개 있다.

최근 한 삼사 년 동안 내 딴에는 꽤나 열심히 공부하면서 애써서 건덕지를 모은 것들이고, 또 한 試驗人으로서의 矜持도 갖고 쓴 것들이긴 하지만, 물론 이것의 價値 여부는 전혀 독자들의 장래의 評價 여하에 달려 있는 것임을 나는 잘 알고 있다.

         1990년 11월 21일
         冠岳山 蓬蒜山房에서
         未堂 徐 廷 柱 識

■ 『늙은 떠돌이의 시』(민음사, 1993)

머리말

 여기에 1988년부터 1993년까지에 내가 쓴 72편의 신작시들을 다시 推敲하여 『늙은 떠돌이의 시』란 제목으로 또 한 권의 시집을 내기로 했다.
 「내 어렸을 적의 시간들 10편」「舊滿洲帝國 濡留詩 5편」「에짚트의 시 5편」「1988~1989년의 시들 4편」「老妻의 病床 옆에서 3편」「1990년의 舊共産圈 紀行詩 9편」「해방된 러시아에서의 시 8편」「1991, 1992, 1993년의 기타 시들 27편」 8부문으로 나누어서 꾸미었는데, 이 배열의 순서는 내가 이 세상에서 살아오면서 이 시들을 경험한 시간의 순서에 따른 것이다.
 여기에서 다시 한번 실감되는 것은 〈시라는 專攻 이것 참 매우 어렵다〉는 것이다. 60여년 동안이나 이걸 이어서 써왔는데도 지금의 내 느낌은 습작기의 문학청소년 시절이나 다름없는 표현상의 불만, 불만 그것만이 늘 반 넘어 차지하고 있으니 말이다.
 그러나 이 불치의 욕구불만감이 항시 계속됨으로써 언제나 표현상의 새 매력을 탐구해 보려는 노력도 계속되어서, 이것으로 타성의 게으름에 멎어버릴 수 없이 된 것, 이것 한 가지만큼은 참 다행한 일이다. 시의 표현의 매력 추구도 자연과학의 발견의 추구와 마찬가지인 새 경지의 발견의 추구라고 나는 나이가 더할수록 더 생각하게 되는데, 그렇다면 이 늘 계속되는 욕구불만이야말로, 여기에서는 가장 좋은 약이 되는 것이니 말이다.

 내 숨결이 내 육신에서 아조 떠나버리는 날까지 나는 이 짓을 접어두어 버리지는 못할 것이다.

1993년 9월 12일   아침
冠岳山 쑥, 마늘(蓬蒜)山房에서
未堂   徐   廷   柱

연보 및 연구 자료

1. 작가 연보

1915년(1세)	5월 18일 전북 고창군 부안면 선운리 578에서 서광한의 장남으로 출생.
1922년(8세)	마을의 서당에서 한학수업.
1924년(10세)	전북 부안군 줄포공립고등학교에 입학, 6년 과정을 5년 만에 수료.
1929년(15세)	상경하여 중앙고등보통학교에 입학.
1930년(16세)	11월 광주학생운동 주모자 4명 중의 하나로 57명 퇴학자와 함께 퇴학당하여 구속되었으나, 나이 어리다는 이유로 기소유예되어 석방됨.
1931년(17세)	고창고등학교에 편입하였으나 이내 권고자퇴(해방 후 중앙·고창 2교 모두 명예교우의 대우를 받고 있음).
1933년(19세)	박한영 스님의 권유로 대종사 문하생으로 입문.
1935년(21세)	중앙불교전문학교에 입학.
1936년(22세)	동아일보 신춘문예에 시 「벽」으로 당선. 중앙불교전문학교 휴학. 11월 함형수, 김동리, 오장환, 이용희 등과 함께 『시인부락』 창간. 편집인 겸 발행인이 됨.
1938년(24세)	방옥숙과 결혼.

1939년(25세)	만주로 가 양곡주식회사 간도성 연길시 지점에 경리사원으로 입사. 겨울에 용정 출장소로 전근.
1940년(26세)	봄에 귀국 환향. 고창읍 초동에서 장남 승해 출생.
1941년(27세)	부인, 승해와 함께 상경. 동대문여학교 교사 부임. 첫 시집 『화사집』 출간(남만서고).
1942년(28세)	부친이 58세를 일기로 사망. 그에 따르는 유산정리를 함.
1946년(32세)	제2시집 『귀촉도』 출간(선문사). 부산 동아대학교 전임강사. 조선청년문학가협회 결성, 시분과위원장 역임.
1948년(34세)	봄에 동아일보 사회부장으로 입사 후, 문화부장에 전임. 정부수립과 동시 문교부 초대 예술과장(서기관 3급). 11개월 후 휴직.
1949년(35세)	정부 수립 후 한국문학가협회 창립과 동시에 시분과 위원장으로 취임.
1950년(36세)	김광섭, 구상, 조지훈, 이한직, 김윤성 등과 함께 문총구국대 조직.
1951년(37세)	전주 전시연합대학 강사 겸 전주고등학교 교사.
1952년(38세)	광주 조선대학교 국문학과 부교수로 취임.
1953년(39세)	환도와 함께 상경.
1954년(40세)	예술원 종신회원으로 추천되어 문학분과위원장 역임. 서라벌예술대학 교수. 동국대학교 강사 취임.
1955년(41세)	미국 아세아재단 자유문학상 수상. 제3시집 『서정주시선』 출간(정음사).
1957년(43세)	서울 공덕동에서 차남 윤 출생.
1960년(46세)	동국대학교 교수 취임. 제4시집 『신라초』 출간(정음사).
1961년(47세)	시집 『신라초』로 5·16 민족상 문예본상 수상.
1962년(48세)	Melicent Huneycutt가 그의 시를 처음으로 영역.
1963년(49세)	장남 승해, 강은자와 결혼. 장손 거인 출생.
1965년(51세)	한국문인협회 부이사장 취임.
1966년(52세)	대한민국 예술원상 수상.
1968년(54세)	제5시집 『동천』 출간(민중서관).
1972년(58세)	『서정주문학전집』 전5권 간행(일지사).

1974년(60세)	고향인 전북 고창의 선운사 입구에 미당 시비 건립.
1975년(61세)	제6시집 『질마재 신화』 간행(일지사).
	회갑기념 시화전 개최(전국 대도시에서).
1976년(62세)	숙명여자대학교에서 명예문학박사 학위받음.
	제7시집 『떠돌이의 시』 출간(민음사).
1977년(63세)	1월 한국문인협회 이사장 취임.
	11월에 세계일주여행 출발, 1978년 9월에 귀국.
1978년(64세)	9월 동국대학교 문리대학장 취임.
	허세욱 역의 『서정주시집』이 자유중국에서 여명문학사업공사 판으로 간행되었음.
1979년(65세)	8월 동국대학교 교수직을 정년퇴임(호적에 한 살이 더 올려 기입되어서 이렇게 되었음). 이어서 동대학원 대우교수가 됨.
1980년(66세)	세계여행기인 『떠돌며 머물며 무엇을 보려느뇨?』 2권을 동화출판공사에서 발행. 제8시집 세계기행시집 『西으로 가는 달처럼』 출간(문학사상사). 10월, 중앙일보사가 주는 문화대상본상 개인상을 받음.
1981년(67세)	미국 뉴저지의 『쿼털리 리뷰』(Quarterly Review of Literature)지 여름호 『세계시선』에 58편이 번역 수록되었음. 역자는 뉴욕 코넬 대학교 교수인 David R. McCann 씨.
1982년(68세)	제9시집 한국역사시집 『학이 울고 간 날들의 시』 출간(소설문학사).
	일본의 동수사(冬樹社)에서 김소운, 백천풍, 홍농영이의 일역으로 『조선 민들레꽃의 노래』 출간. 민희식 역의 불역시집 *La fleur rouge*(『붉은 꽃』)을 룩셈부르크의 유로에디터(Euroeditor)사의 문고판(No. 16)으로 발행.
1983년(69세)	3월 동국대학교 명예교수가 됨. 5월 『미당 서정주 시전집』 출간(민음사). 5월 제10집 『안 잊히는 일들』 출간(현대문학사).
1984년(70세)	3월 제11시집 『노래』 출간(정음문화사). 범세계한국예술인회의 이사장 취임. 제2차 세계여행을 부인 방옥숙 여사와 함께 다녀옴.

1987년(73세)	프랑스 파리의 셍제르멩-데-쁘레(Saintgermain-des-prés)사에서 불역시집 *Poèmesdu vagavond*(『떠돌이의 시』) 발행. 역자는 김화영.
1988년(74세)	스페인 마드리드 대학교 출판부에서 스페인어역시집 *Junto al crisantemo*(『국화 옆에서』) 발행. 역자는 김현창. 서독 본의 보우비어(Bouvier)사에서 독일어역시집 *Lyranatapgelblüte*(『석류꽃』) 발행. 역자는 조화선. 제12시집 『팔할이 바람』 출간(혜원출판사).
1989년(75세)	미국 콜럼비아 대학교 출판부에서 영역시선집 *Selected poems of So Chongju*(『서정주시선집』) 발행. 역자는 David R. McCann.
1991년(76세)	1월 제13시집 『산시』 출간(민음사). 4월 『서정주 세계민화집』(전5권) 출간(민음사). 10월 『미당 서정주 시전집』(전2권) 출간(민음사).
1993년(78세)	제14시집 『늙은 떠돌이의 시』 출간(민음사).
1994년(79세)	『미당 자서전』 발행(민음사).
1997년(82세)	제15시집 『80 소년 떠돌이의 시』 발행(시와시학사).
1999년(84세)	만해의 한시를 우리말로 옮긴 『만해 한용운 한시선』을 민음사에서 복간.
2000년(85세)	10월 부인 방옥숙 씨 별세. 12월 24일 미당 자신도 삼성서울병원에서 노환과 폐렴 증세가 악화되어 별세. 전북 고창군 부안면 선운리 선영에 안장.

2. 작품연보

1933년	시 「그 어머니의 부탁」(동아일보 12월 24일)
1934년	시 「서울가는 순이에게」(동아일보 5월 8일), 시 「동백」(학등 6월), 「西쪽하늘을 맡겨두고 왔건만」(학등 9월), 시 「가을」(동아일보 11월 9일), 「비 내리는 밤」(동아일보 11월 23일)

1935년	시「생각이여」(학등 1월), 시「새벽 송주」(동아일보 3월 30), 산문「죽방잡초(상중하)」(동아일보 8월 30일~9월 3일), 시「자화상」(시건설 10월), 산문「필바라수초(상중하)」(동아일보 10월 30일~11월 3일)
1936년	시「벽」(신춘문예 당선작품, 동아일보 1월 3일), 산문「고창기(상,하)」(동아일보 2월 4일~5일), 시「감꽃」(동아일보 8월 9일), 시「문둥이」「옥야」「대낮」(시인부락 11월), 시「화사」「달밤」「방」(시인부락 12월)
1937년	시「입마춤」(자오선 1월)
1938년	시「문」(비판 3월), 시「바다」(사해공론 10월), 시「母」(맥 10월), 시「처녀상」(조광 11월)
1939년	시「지귀도」(조광 3월), 시「웅계」(시학 3월), 시「웅계 상」(시학 5월), 시「고을나의 딸」(조광 5월), 시「풀밭에 누워서」(비판 6월), 시「봄」(인문평론 11월)
1940년	시「대낮」「맥하」「입마춤」(신찬시집 2월), 시「서름의 강물」(조광 4월), 산문「나의 방랑기」(인문평론 3~4월), 시「밤이 깊으면」(인문평론 5월), 시「도화도화」(인문평론 10월), 시「서풍부」(문장 10월)
1941년	시「만주에서」(인문평론 2월), 시집『화사집』(남만서고 2월 10일), 시「멈둘레 꽃」(삼천리 4월), 시「살구꽃 필 때」(문장 4월), 시「간조」(춘추 7월)
1942년	시「거북이」(춘추 6월), 평론「시의 이야기(주로 국민시가에 대하여)」(매일신보 7월 13~17일), 산문「엉겅퀴꽃」(조광 9월)
1943년	소설「최체부의 군속지망」(조광 9월), 시「항공일에」(국민문학 10월)
1944년	번역소설「옥루몽-연재」(춘추 3~10월)
1945년	시「꽃」(민심 11월)
1946년	시「밤」(개벽 1월), 시「문열어라 정도령아」(조선주보 1월), 평론「시의 표현과 그 기술-감각과 정서와 표현의 단계」(조선일보 1월 20~24일), 시「서귀로 간다」(민심 3월), 시론「피 윤봉길 의사의 날에」(동아일보 4월 30일), 시「견우의

	노래」(신문학 6월), 평론 「문학의 서사시 정신」(민주일보 7월 12일), 평론 「문학자의 의무」(동아일보 7월 16일), 평론 「해방된 시단 일년」(민주일보 8월 25일)
1947년	시 「밀어」(백민 3월), 시 「신록」(문화 4월), 평론 「김소월시론」(해동공론 4월), 시 「춘향옥중가」(대조12호 5월), 서평 「옥비녀의 제정태 "옥비녀"를 읽고」(민중일보 5월 15일), 평론 「문단 우일년-1946년 하반기이후」(민중일보 8월 15일), 평론 「한글문학론서장」(백민 11월), 시 「국화옆에서」(경향신문 1월 19일)
1948년	산문 「나의 시인생활-문학가의 자서」(백민 1월), 시론 「평화와 애정만이 요청」(구국 1월), 시 「한강가에서」(신천지 3월), 시집 『귀촉도』(선문사 4월 1일), 시 「저녁 노을처럼」(백민 5월), 시 「국화옆에서」(동국 6월), 평론 「희랍의 여류시인 샾포」(대조 8월), 평론 「시의 운율」(학풍 10월), 평론 「문단정화론」(동아일보 11월 2일), 산문 「나의 작가생활」(예술조선 12월), 서평 「윤석중 동요집 "굴렁쇠"를 읽고」(동아일보 12월26일), 시론 「과학민주화의 길」(새교육 12월)
1949년	서평 「『문학과 인간』(김동리 시론집)에 대하여」(백민 1월), 시 「살구꽃 필 때」(조선교육 2월), 산문 「12월 9일의 감상」(해동공론 3월), 서평 「생활의 탐구와 창조-김진섭 씨의 「생활인의 철학」에 관하여>(경향신문 4월 18일), 산문 「시와 시평을 위한 노우트」(민성 6월), 평론 「시작과정-졸작 「국화옆에서」를 하나의 예로」(민성 8월), 평론 「시창작방법론 서설 단고」(문예 8월), 산문 「나무 그늘」(민족문화 9월), 단평 「최근의 시단」(문예 9월), 전기 「이승만 박사전」(삼팔사 10월 15일), 시선후평 「시천후」(문예 11월), 산문 「닥쳐오는 꿈」(한국공론 12월), 평론 「시창작의 의욕」(신태양 12월), 시선후평 「시천후」(문예 12월)
1950년	산문 「내가 사숙해온 것」(국도신문 1월 22일~23일), 시선후평 「시천후」(문예 1~4월), 평론 「조선의 현대시」(문예 2월), 평론 「영랑의 서정시」(문예 3월), 소설 「아지랑이」(문예 5월), 시 「선덕여왕찬」(문예 6월), 산문 「곡영랑선생」(문예 12월),

	산문「영도일지」(문예 12월)
1953년	시선후평「시천후」(문예 2월)
1954년	시선후평「시추천사」(문예 3월), 시「기도」(시정신 6월), 시「무등에서」(현대공론 8월)
1955년	시「산중문답」(현대문학 1월), 단평「단언」(현대문학 2월), 시선후평「시천후기」(현대문학 4~6, 8, 11월), 시「전주우거」(현대문학 4월), 시론「독심기에 대한 항언-온고지신」(동아일보 4월 22일), 시「산하일기초」(문학과 예술 6월), 시「나의 시」(새벽 7월), 시「광화문」(현대문학 8월), 산문「곡 영랑선생」(동아일보 8월 1일), 평론「9월의 협동시단」(협동 9월)
1956년	시론「민족과 인류에게」(현대문학 1월), 시선후평「시천후기」(현대문학 2, 4, 5, 9, 12월), 시「학의 노래」(동아일보 4월 4일), 저서『시창작교실』(인간사 7월), 평론「현하 한국문학에 관한 동의」(현대문학 10월), 시「신라의 상품」(문학예술 11월), 시「어떤 새벽에」(현대문학 11월), 시집『서정주시선』(정음사 11월 30일)
1957년	시「백결가」(현대문학 1월), 시「종이야 될테지」(현대문학 2월), 시「오갈피나무 상나무」(새벽 2월), 시「근업초」(현대문학 2월), 시선후평「시천후기」(현대문학 2, 5~7, 10월), 시「근업초사제」(문학예술 3월), 시「노인헌화가」(현대문학 4월), 시「무제」(여원 7월), 시「8월 15일의 편지」「여수」「바다」(현대문학 9월), 시「구름」(신태양 10월), 좌담「우리 문학의 당면과제」(현대문학 1월), 시「진주가서」(영문 11월), 시「다수결제 부근의 정신풍속도」(현대 11월)
1958년	논문「신라연구」(현대문학 1월), 시선후평「시천후기」(현대문학 1, 2, 8~11월), 시「어느 날 오후」(한국평론 4월), 시「근교의 이녕속에서」(신문화 5월), 시론「오해에 대한 해명」(현대문학 5월), 평론「한국시단의 현황과 현대시의 과제」(현대문학 6월), 시「꽃밭의 독백」(사조 6월), 시「두번째의 사소의 편지-사소의 단장」(현대문학 6월), 시「모란꽃과 나의 인연의 기억」(현대문학 9월), 시「추일미음」(사상계 9월), 시

	「Triolet시작」(지성 9월), 시 「가을의 편지」(현대문학 6월)
1959년	시 「무의 의미」(현대문학 2월), 시선후평 「시천후기」(현대문학 2, 5, 9, 11월), 시 「애가」(신태양 3월), 평론 「소월의 자연과 유계와 종교」(신태양 5월), 서평 「두시언해비주」(현대문학 6월), 평론 「소월시에 있어서의 정한의 처리」(현대문학 6월), 시 「마른 여울목」(현대문학 7월), 시 「마흔다섯」(사상계 8월), 시 「9월」(현대문학 10월), 시 「어느 유생의 딸의 말씀」(새벽 12월)
1960년	시 「사소 두 번째의 편지」(사상계 1월), 평론 「시인부락-40년간의 문예지」(사상계 2월), 시 「내 영원은」(현대문학 3월), 시론 「후진교육과 공동이익에서-문단대동단결시비」(현대문학 9월), 시론 「속문단대동단결론: 조지훈 씨의 「문단통합론에 앞서야할 일」을 읽고 상하」(동아일보 9월 23~24일), 평론 「소월에게 있어서의 육친·붕우·인인·스승의 의미」(현대문학 12월), 시집 『신라초』(정음사 12월 25일)
1961년	시 「신라인의 통화」(현대문학 1월), 시 「동지의 시」(사상계 3월), 시 「어느 가을날」(사상계-61년문예특별증간 특대호), 시선후평 「시천후기」(현대문학 6, 9월), 시 「그대는」(여원 10월), 논저 『시문학개론』(정음사 6월)
1962년	시선후평 「시천후기」(현대문학 2, 8월), 시 「향수」「고향」(동아일보 3월 13일), 시 「리라꽃 그늘」(동아일보 4월 29일), 시 「봄치위」(현대문학 4월), 시 「재채기」(사상계 4월), 산문 「첫사랑 상·하」(현대문학 6, 7월), 시 「고요」(현대문학 8월), 신간평 「돌아온 날개」(현대문학 9월), 시 「우리 님의 손톱의 분홍속에는」(신사조 9월), 시 「미인을 찬양하는 신라적 어법」(사상계-62년 문예 특별 증간 대특호), 시 「추분 가까운 날」(여상 11월), 회상기 「만해 한용운 선사」(사상계 11월), 회상기 「영랑의 일」(현대문학 12월)
1963년	시선후평 「시천후기」(현대문학 1, 7, 12월), 회상문 「함형수의 추억」(현대문학 2월), 평론 「시인으로서의 책무」(현대문학 3월), 시 「외할머니네 마당에 올라온 해일」(현대문학 7월),

	논문「신라문화의 정체-지상세미나」(세대2호 7월), 잡문「학질 부작요법」(세대3호 8월), 시「무제」(사상계 8월), 논문「김소월시에 나타난 사랑의 의미」(예술원논문집 9월), 논문「순수문학이냐 참가문학이냐」(세대 10월), 논문「팔도사투리의 묘미」(신사조 11월), 논문「조국속의 이방인-김삿갓」(세대 12월), 시「나를 다시 유랑해 가게 하는 것은」(현대문학 12월), 시「이 빅인 금가락지 구멍에」, 회상문「모란의 고향·영랑-작고 작가들의 고향」(사상계-63년 문예 특별 중간 대특호)
1964년	평론「1963년 시단개평」(현대문학 1월), 산문「노랑저고리의 어여쁘신 누님-국화」(세대 4월), 평론「시의 변호-1~7」(문학춘추 4~12월), 평론「가슴을 뵈는 시와 낙서시」(한국일보 4월 26일), 잡문「내 아호의 유래」(현대문학 6월), 시「무제」(현대문학 6월), 시선후평「시천후기」(현대문학 7월), 논문「한국적 전통성의 근원」(세대 7월), 논문「역사의식의 자각」(현대문학 9월), 논문「비평가가 가져야 할 시의 안목」(문학춘추 9월), 논문「현대시문학개관」(한국예술총람개관 9월), 시「여기에」(신동아 9월), 시「여원에 부치는 시」(여원 12월)
1965년	시선후평「시천후기」(현대문학 2, 5월), 논문「지혜의 세계로 확대」(현대문학 4월), 시「기인여행가」(문학춘추 4월), 시「봄볕」(경향신문 4월 18일), 시「나그네의 꽃다발」(문학춘추 5월), 산문「죽음의 교훈」(세대 6월), 논문「시어록 1~2」(문학춘추 7, 8월), 논문「고대 그리스적 육체성-나의 처녀작을 말한다」(세대 9월), 논문「풍전세류와 풍류도(전라도)」(세대 11월), 논문「한국 현대시문학의 사적개관」(동국대논문집 2집 11), 논문「시정신의 재인식」(한국일보 12월 5일)
1966년	시「해야 한개 더 떠라」(한국일보 5월 8일), 논문「시어록 3~4」(문학춘추 1~2월), 시「피는 꽃」(사상계 3월), 시「축시」(시문학 4월), 심사평「연구작품 선후기」(시문학 4월), 시「여행가 기이」(문학 5월), 시「동천」(현대문학 5월), 시「춘천의 봄햇볕」(신동아 5월), 시「어머니」(한국일보 5월 8일), 시선후평「시천후기」(현대문학 5, 9월), 평론「오월의 시-시의 눈」

	(한국일보 5월 6일), 대담「한국문학의 제문제」(현대문학 6월), 평론「시는 단수필이 아니다」(한국일보 5월 28일), 시「여행가(삼)」(현대문학 8월), 시「다시 비정의 산하에」(한국일보 8월 14일), 시「추석」(중앙일보 9월 29일), 산문「내 문학의 온상들」(세대 9월), 논문「한국의 시, 한국의 시론」(사상계 9월), 산문「석굴암 속의 대화」(서라벌문학 10월), 평론「10월의 시평」(한국일보 10월 27일), 시「영산홍」(문학 11월), 평론「12월의 시―시의 미학의 회복」(한국일보 12월 29일)
1967년	시「토함산 우중」(현대문학 1월), 시선후평「시천후기」(현대문학 1, 10월), 산문「석굴암속의 대화」(현대문학 3월), 시「무제」(현대문학 4월), 설문「기대되는 대통령상」(세대 4월), 시「역사의 한국역사여―전북석류꽃」(한국일보 6월 9일), 시「가을손톱」(경향신문 10월 9일), 시「님은 주무시라고」(한국일보 10월 25일), 잡문「내 시와 정신에 영향을 주신 이들」(현대문학 10월), 평론「시의 지성의 재반성」(예술서라벌 10월), 평론「해방전의 한국 현대시」(예술서라벌 11월), 시「연꽃위의 방」(신동아 12월), 시「국화옆에서」(현대문학 12월)
1968년	시「실한 머슴」(사상계 2월), 시「님은 주무시고」「나는 잠도 깨어 자도다」「내 그대를 남 모르게 사랑하는 마음은」「여자의 손톱의 분홍 속에서는」「새 인사」(현대문학 6월), 시선후평「시천후기」(현대문학 7월), 시선후평「산수유꽃 나무에 말한 비밀」(현대문학 8월), 논문「시의 제문제」(예술원논문집 7집 8월), 평론「시를 위한 단상초」(세대 9월), 시「목단꽃 핀 오후」(월간문학 11월), 시집『동천』(민중서관 11월 30일)
1969년	시「사경」(세대 3월), 시「방한암 선사의 죽음」「겨울에 흰 무명손수건으로 하는 기술」「삼십대의 요술」「음력설의 영상」(세대 3월), 논문「한국의 미 1~8」(현대문학 3~11월), 시「단상」(월간중앙 4월), 시「모란 그늘의 돌」(신동아 6월), 시선후평「시천후기」(현대문학 8월), 논저『한국의 현대시』(일지사)
1970년	시「석공 일」(월간문학 1월), 산문「거사 장이소 산책 1~3」(세대 1~3월), 논문「한국의 미」(현대문학 1, 2월), 잡문「추

	천작품 심사십오년의 소감-세대교체」(현대문학 1월), 시 「이 조백자를 보며」(월간문학 9월), 시 「서경」(신동아 10월)
1971년	평문 「심사평」(현대문학 3월), 시 「뻐꾹새 울음」 「낮잠」 「그 애의 손톱」 「가만한 꽃」 「산수유꽃」(현대문학 5월), 잡문 「내 시정신의 근황」(시문학 11월)
1972년	시 「신부-속 질마재 신화」 「해일-속 질마재 신화」 「상가수의 노래-속 질마재 신화」 「소자 이생원네 마누라님의 오줌기운-속 질마재 신화」 「시추천후기」(현대문학 3월), 시 「질마재 신화 외 3편」(문학과 지성 6월), 시 「숨쉬는 손톱」(문학사상 10월), 시 「석남꽃」(수필문학 10월), 전집 『서정주 문학전집 전5권』(일지사 10월 30일), 잡문 「창작의 밀실」(문학사상 12월), 시 「시집 「동천」 이후의 시편들」(문학사상 12월), 대담 「미당과의 대화」(문학사상 12월)
1973년	잡문 「꿈의 세대-생활방담」(신동아 1월), 산문 「석사 장이소의 산책-①~⑪」(현대문학 1~12월), 시선후평 「시추천후기」(현대문학 1월), 산문 「문치헌밀화」(세대 3월), 산문 「내가 차지한 하늘」(세대 4월), 시 「아침 찬술」(신동아 4월), 산문 「움직이지 않는 시계」(세대 5월), 산문 「새벽의 지성들」(세대 6월), 산문 「정에 대하여」(세대 7월), 산문 「내 시와 사건들」(세대 8월), 산문 「광주 학생사건과 나」(세대 9월), 산문 「낙향전후화」(세대 10월), 시 「뻔디기」(시문학 11월)
1974년	산문 「석사 장이소의 산책-12~20」(현대문학 1~11월), 산문 「봉산산방시화 1~12」(현대시학 1~12월), 시 「북녁곰 남녁곰」(현대문학 2월), 시 「뻔디기」(현대시학 2월), 시 「간통사건과 우물-속 질마재 신화①」 「단골무당네 머슴아이-속 질마재 신화 ①」 「까치바늘-속 질마재 신화①」 「이삼만이라는 신-속 질마재 신화②」(시문학 2월), 시 「분지러버린 불칼-속 질마재 신화②」 「박꽃시간-속 질마재 신화②」 「말피-속 질마재 신화②」(시문학 3월), 시선후평 「시추천후기」(현대문학 3월), 희곡 「영원의 미소」(문학사상 4월), 시 「어느 늙은 수부의 고백」(신동아 4월), 시 「(속) 질마재 신화

③」(시문학 4월), 시 「할미집 개피떡-속 질마재 신화④」 「소망(똥간)-속 질마재 신화④」(시문학 5월), 시 「신선 재곤이-속 질마재 신화⑤」(시문학 6월), 시 「고향난초」(세대 7월), 시 「침향-속 질마재 신화⑥」 「추사와 백파와 석전-속 질마재 신화⑥」(시문학 7월), 시 「석녀, 한물댁의 한숨-속 질마재 신화⑦」(시문학 8월), 평론 「현대수필의 한 새로운 시험」(현대문학 8월), 시 「내소사근처 삼편」(문학과 지성 9월), 시 「내소사 대웅전 단청-속 질마재 신화⑧」(시문학 9월), 시 「한국의 종소리」(문학사상 10월), 시 「꽃-속 질마재 신화⑨」 「대흉년-속 질마재 신화⑨」(시문학 10월), 시 「김유신풍-속 질마재 신화⑩」(시문학 11월), 시 「소X한놈-속 질마재 신화⑪」 「풍편의 소식-속 질마재 신화⑪」(시문학 12월), 산문 「순원소전」(현대문학 12월)

1975년   시 「죽창-속 질마재 신화⑫」(시문학 1월), 시선후평 「시추천후기」(현대문학 1, 2, 12월), 시 「걸궁배미-속 질마재 신화⑬」(시문학 3월), 심사평 「1975년도 신춘시 시조·동요 심사평」(현대시학 3월), 시 「심사숙고-속 질마재 신화⑭」(시문학 4월), 시집 『질마재 신화』(일지사, 5월 20일), 시 「군자일언-속 질마재 신화⑮」(일지사 6월), 시집 「우중유제」(한국문학 8월), 시 「해방후사략」(한국문학 8월), 시 「망향가-떠돌이의 시」 「대구교외의 주막에서-떠돌이의 시」 「격포우중-떠돌이의 시」(창작과 비평 9월), 산문집 「나의 문학적 자서전」(민음사 10월 15일), 대담 「방언으로 한글을 살린다」(세대 11월), 심사평 「제6회 신인 당선작 심사기」(한국문학 11월), 잡문 「내가 본 이상」(시와 의식 12월), 시집 『서정주 육필시선』(문학사상사)

1976년   시 「박용래」(문학사상사 1월), 시 「선운사 골짜기로 선운사 동백꽃을」(한국문학 2월), 시 「구례구화개」(신동아 4월), 시 「시론」 「곡」 「소나무속엔」(현대문학 5월), 논문 「문장강화-1, 2」(세대 6, 7월), 시 「통영의 미더덕찜」(문학사상 7월), 시 「개나리 유감」(한국문학 7월), 시집 『떠돌이의 시』(민음사 7

	월 26일), 산문집 「미당수상록」(민음사 7월 30일), 평론 「한국시의 전통성-강연회」(한국문학 8월), 논문 「비유와 상징-문장강화 3, 4」(세대 8, 9월), 시 「노처소묘」 「1976년 여름의 목백일홍」(세계의 문학 9월), 논문 「시의 상징구조-문장강화 5」(세대 10월), 논문 「시 속의 지성-문장강화 6, 7」(세대 11, 12월), 시 「홍도풍류초」(문학사상 12월), 시선후평 「시추천후기」(현대문학 12월), 산문 「인정이 넘치는 남도음식」(신동아 12월)
1977년	문장강좌 「무의식의 시」(세대 1, 2월), 시 「메이드 인 코리아」(심상 1월), 산문 「이 나라 사람의 마음」(한국문학 4월), 시 「나그네의 꽃다발」(독서생활 5월), 시 「보리고개」(한국문학 6월), 시 「궂은날, 개인날」(신동아 6월), 시 「우리나라 돌 무늬」(시문학 7월), 시 「효부」 「고려청자」(세계의 문학 9월), 회상문 「「시인부락」-나의 동인지시대」(한국문학 10월), 시 「잔」(문학사상 12월), 산문집 「내 영혼은 물빛 라이락」(갑인출판사 9월 20일), 산문집 「도깨비난 마을이야기」(백만사 4월 15일), 산문집 「석사 장이소의 산책」(삼중당 6월 20일), 산문집 「하느님의 에누리」(문음사 10월 25일)
1978년	시 「그림으로 읽은 시(동천)」(문학사상 1월), 산문 「「사는 희열」 속의 작약」(문학사상 1월), 시선후평 「시추천후기」(현대문학 3, 7월), 산문 「고향의 아내에게」(수필문학 8월)
1979년	시 「서으로 가는 달처럼 1~8」(문학사상 5~12월), 대담 「한국문학 어떻게 해왔나?」(한국문학 11월), 산문집 「바람과 별도 잊을 수 없는 사람들」(도서출판 풀빛), 시집 『서정주의 명시』(한림출판사 11월 5일)
1980년	산문 「내가 차지한 하늘」(수필문학 1월), 시 「학이 울고간 날들의 시 1~20」(문학사상 80년 2월~81년 10월), 시 「우거지 쌍판으로」 「마음에 든 여자손톱의 반달처럼만하고」 「대한민국GNP가 억딸라가 되건 말건」(세계의 문학 6월), 산문집 「떠돌며 머물며 무엇을 보려느뇨」(동화출판사 3월 25일), 시집 『서으로 가는 달처럼』(문학사상사 5월 25일), 시집 『안

	끝나는 노래』(정음사 8월 5일)
1981년	시 「日여우 꼬리꽃」(심상 10월), 시 「히말라야 산중소감」(심상 10월)
1982년	시 「내 아내」(한국문학 3월), 시집 『학이 울고 간 날들의 시』(소설문학사 2월 10일), 저서 『시창작법(서정주・박목월・조지훈 등 공저)』(예지각 7월 10일)
1983년	저서 『서정주 전집』 및 제10시집 『안 잊히는 일들』 간행(예지각 7월 10일)
1984년	제11시집 『노래』 간행
1987년	처녀시집 『화사집』부터 제11시집 『노래』까지를 묶은 시선집, 『국화옆에서』 발행(혜원출판사)
1988년	담시 『팔할이 바람』 간행(혜원출판사 5월 30일)

3. 미당 연구 논저 목록

김동리, 시집 『귀촉도』 발사, 선문사, 1946.
조연현, 「원죄의 형벌」, 『문학과 사상』, 세계문화사, 1949. 12.
_____, 「서정주론」, 『주간서울』 71호, 1950. 1.
김동리, 「서정주의 「추천사」」, 『문학과 인간』, 청춘사, 1952. 10
송 욱, 「서정주론」, 『문예』 18, 1953. 11.
김춘수, 「시인론을 위한 각서」, 『신작품』 8, 1954(『한국 현대시 형태론』, 해동문화사, 1958).
김양수, 「서정주의 영향」, 『현대문학』, 1955. 10-11.
박두진, 「모색과 전통과 답보의 일년」, 『현대문학』, 1956. 1.
조연현, 「민족적 특성과 인류적 보편성」, 『문학예술』, 1957. 8.
박진환, 「부활시인의 신경향」, 『국어국문학』 1호, 동국대 국어국문학회, 1958.
이철범, 「신라정신과 한국 전통론 비판」, 『자유문학』, 1959. 8.
최일남, 「「고향에 살자」의 서정주 선생」, 『현대문학』, 1960. 5.
문덕수, 「신라정신에 있어서의 영원성과 현실성」, 『현대문학』, 1963. 4.
김윤식, 「역사의 예술화」, 『현대문학』, 1963. 10.

강우식, 「신라정신의 고찰과 정주시」, 『성균』 17호, 1963. 11.
김상일, 「「국화옆에서」의 기적 – 시인에의 요망」, 『현대문학』, 1964. 4.
김종길, 「시와 이성」, 『문학춘추』, 1964. 8.
김운학, 「한국 현대시에 나타난 불교사상」, 『현대문학』, 1964. 10
조연현, 「김동리와 서정주」, 『한국현대작가론』, 1965. 2.
구중서, 「서정주와 현실 도피」, 『청맥』, 1965. 6.
원형갑, 「서정주의 신화」, 『현대문학』, 1965. 7.
김시태, 「한국 현대시의 이미저리 소고」, 『동악어문논집』, 1965. 8.
원형갑, 「서정주론 – 속. 서정주의 신화」, 『현대문학』, 1965. 11.
김종길, 「「추천사」의 형태」, 『사상계』, 1966. 3.
박두진, 「담한 시와 농한 시」, 『현대문학』, 1966. 5.
김학동, 「현대 시인 논고(其一) – 서정주의 시를 중심으로(상)」, 『동양문화』 5, 대구대동양문화연구, 1966. 6.
박성룡, 「서정주 작 「무등을 보며」」, 『문예수첩』, 1966. 7.
원형갑, 「서정주」, 『현대문학』, 1967. 1.
김춘수, 「청마의 시와 미당의 시」, 『현대문학』, 1967. 5.
김학동, 「서정주 초기시에 미친 영향」, 『어문학』 16, 한국어문학회, 1967. 5.
이어령, 「한국 현대시의 두 갈래 길」, 『지성의 오솔길』, 1967. 8.
고　은, 「서정주 – 현대 한국의 유아독존」, 『세대』, 1967. 9.
김시태, 「시와 신념의 관계」, 『현대문학』, 1967. 12.
문덕수, 「한국 현대 시인론」, 『현대문학』, 1968. 1.
최정순, 「한국 현대시의 이원성 – Dionysos적 경향〈서정주, 이상을 중심으로〉」, 『광주교대논문집』 3집, 1968. 1.
송재소, 「시적 방법으로서의 신화 – 서정주 씨에 보내는 각서」, 『아한』, 1968. 5.
김우창, 「한국시의 형이상 – 하나의 관점, 최남선에서 서정주까지」, 『세대』, 1968. 7.
원형갑, 「서정주의 신화」, 『현대문학』, 1968. 9.
김시태, 「현대시의 좌표」, 『현대문학』, 1968. 11.
김주연, 「서정주 시집 『동천』」, 『월간문학』, 1969. 7.
_____, 「시의 현실과 매체 – 『동천』 『경상도의 가랑잎』」, 『현대문학』, 1969. 3.
고　은, 「실내작가론 – 서정주」, 『월간문학』, 1969. 3.

이성부, 「삶의 어려움과 시의 어려움-『동천』, 『청록집』 이후를 중심으로」, 『창작과 비평』, 1969. 6.
최광열, 「언어의 책사, 마신의 미학」, 『현대한국시비판』(상), 1967. 7.
＿＿＿, 「서정주 시의 변질과 정서 충동의 미학」, 『현대한국시비판』(하), 1969. 7.
김용직, 「<시인부락>연구」, 『국문학논집』 3, 단국대, 1969. 11.
염무웅, 「서정주와 송욱의 경우-1960년대의 한국시」, 『시인』, 1969. 12.
이선영, 「서정주『국화옆에서』-작품 해설」, 『월간문학』, 1970. 6.
전상열, 「서정주론-그의 시사적 공과」, 『문화비평』, 1970. 6
이정강, 「시인과 인간조건」, 『소천 이헌구 선생 송수 기념 논총』, 1970. 8.
김성욱, 「『상리과원』해도」, 『현대문학』, 1970. 9.
최원규, 「서정주 연구」, 『국어국문학』 49-50, 1970. 10.
＿＿＿, 「서정주의 시정신 연구」, 『충남대 논문집』 9, 1970. 12.
이용훈, 「개인적 생명의식에의 집념」, 『국어교육』 16, 한국국어교육연구회. 1970.
신동욱, 「시를 읽는 법-「추천사」의 해석」, 『현대문학』, 1971. 2.
김학동, 「신라의 영원주의」, 『어문학』 24, 1971. 4.
김재홍, 「하늘과 땅의 변증법」, 『월간문학』, 1971. 5.
한흑구, 「미당의 술과 시」, 『현대문학』, 1971. 6.
박철희, 「현대 한국시와 그 서구적 잔상-(5) 서정주와 자극시」, 『예술원 논문집』 10, 1971. 7.
전상열, 「서정주론」, 『시문학』, 1971. 10.
오규원, 「색채의 미학-이상, 유치환, 서정주를 중심으로」, 『시문학』, 1971. 12.
박철희, 「『속 질마재 신화』고」, 『현대문학』, 1972. 4.
천이두, 「지옥과 열반-서정주론」, 『시문학』, 1972. 6-9.
김인환, 「서정주의 시적 여정」, 『문학과 지성』, 1972. 6.
김재홍, 「미당 서정주론」, 『동서문화』, 1972. 7.
김현승, 「서정주의 시세계」, 『한국현대시해설』, 관동출판사, 1972.
이성부, 「서정주의 시세계-『서정주 전집』을 읽고」, 『창작과 비평』, 1972. 겨울호.
김해성, 「서정주론-불심경수의 「동천」세계고」, 『한국현대시인론』, 1973. 1.
유근조, 「서정주 연구」, 충남대 석사논문, 1973.
고 은, 「서정주 시대의 보고-『서정주문학전집』(서평)」, 『문학과 지성』, 1973. 3.

박희선, 「시와 선, 그리고 작품-『한국불교시선』(서평)」, 『풀과 별』 12, 1973. 6.
조운제, 「1950년대의 시맥-서정주의 시사적 위치」, 『풀과 별』, 1973. 7.
김윤식, 「문학에 있어서의 전통계승의 문제」, 『세대』, 1973. 8.
정한모, 「미당 시의 이미저리와 방법」, 『현대시론』, 민중서관, 1973.
김 현, 「서정주 혹은 불교적 인생관의 천착」, 『한국문학사』, 민음사, 1973.
조달곤, 「미당 시문학의 원형 연구」, 동아대 석사논문, 1973.
최하림, 「체험의 문제-서정주에 있어서의 시간성과 장소성」, 『시문학』, 1974. 1-2.
김윤식, 「서정주/유치환/이육사-시와 전통의 맥락」, 『심상』, 1974. 4.
박진환, 「「속 질마재 신화」고」, 『현대시학』, 1974. 4.
정의홍, 「꽃을 통한 육성의 몸부림-서정주의 꽃」, 『현대문학』, 1974. 5.
정영일, 「반신 미당 서정주의 귀의」, 『풀과 별』, 1974. 5.
박재삼, 「내 경험 위에서-서정주의 「무제」」, 『심상』, 1974. 9.
홍신선, 「여성, 천상적 의미의 성당-서정주의 시」, 『현대시학』, 1974. 10
박진환, 「심교의 혼융과 샤먼의 신화 창조」, 『현대시학』, 1974. 12.
김윤식, 「전통과 예의 의미-서정주」, 『한국근대작가논고』, 일지사, 1974.
최원규, 「한국 시의 전통과 선에 관한 소고-만해와 미당의 시를 중심으로」, 『충남대 논문집』, 1974.
강희근, 「서정주 연구」, 동아대 석사논문, 1975.
김시태, 「서정주의 역설적 의미」, 『현대문학』, 1975. 4.
조병무, 「영원성과 현실성-미당 「질마재 신화」고」, 『현대문학』, 1975. 5.
조연현 외, 「서정주 연구」, 동화출판공사, 1975. 5.
김영탁, 「서정주론 서설」, 『대동문화연구』 10집, 성균관대학교 대동문화연구원, 1975. 12.
김윤식, 「서정주 「질마재 신화」고-거울화의 두 양상」, 『현대문학』, 1976. 3.
김열규, 「중력을 벗어난 공간-서정주의 「학」」, 『문학사상』, 1976. 4.
김우창, 「미당 선생의 시」, 『떠돌이의 시(해설)』, 민음사, 1976. 7.
김종철, 「소나기를 보는 눈-『떠돌이의 시』(서평)」, 『세계의 문학』, 1976. 9.
김용태, 「서정주론-불교적 성격의 시를 중심으로」, 『수련어문논집』 4집, 부산여자대학 국어교육과, 1976. 11.
오규원, 「대가의 멋과 한계『떠돌이의 시』(서평)」, 『문학과 지성』, 1976. 12.

송하선, 「미당의 「질마재 신화」고찰」, 『한국언어문학』 14, 1976. 12.
허영자, 「현대시에 나타난 신화의 세계(하)」, 『연구논문집』 9, 성신여사대, 1976.
오하근, 「정반에서 합일까지-「꽃밭의 독백」의 영원성과 현실성」, 『국어문학』 18호, 전북대 국어국문학회, 1976.
이성부, 「시의 정도-서정주 시집 『떠돌이의 시』」, 『창작과 비평』, 1977. 3.
김용태, 「서정주론」, 『현대문학』, 1977. 3.
조동민, 「미당과 청마」, 『현대문학』, 1977. 3.
전정구, 「서정주 연구-「동천」을 중심으로」, 전북대 석사논문, 1977. 11.
최원규, 「미당 시의 불교적 영향」, 『현대시학』, 1977. 12.
김용태, 「미당 시의 실상성과 무애적 성격고」, 『하서 김종우 박사 회갑 기념 논총』, 1977.
송하선, 「서정주 연구」, 고려대 교육대학원 석사논문, 1977.
_____, 「〈서정주시선〉 고찰」, 『한국언어문학』 15, 1977
전상열, 「서정주론-그의 시사적 공과」, 『문화비평』, 1978. 2.
박상열, 「서정주 작품 연구-초기시를 중심으로」, 고려대 교육대학원 석사논문, 1978.
윤석호, 「서정주」, 『현대문학』, 1978. 3.
이원구, 「서정주 연구-비유법을 중심으로」, 동국대 석사논문, 1978. 8.
이용훈, 「미당 시의 설화 소재 작품고-「신라초」를 중심으로」, 『학술논총』, 1978. 9.
김준오, 「인간 탐구와 미당의 신화」, 『심상』, 1978. 11.
송하선, 「서정주론」, 『시인과 진실』, 금화출판사, 1978
이용훈, 「미당 시의 설화 수용의 양상」, 『해양대 논문집』 13, 1978.
구연식, 「시집 떠돌이의 시에 나타난 범인론적 연구」, 동아대 국어국문학회 논문집, 1978
정영자, 「원형의 재생-서정주론」, 『현대문학』, 1979. 4.
김시태, 「시인의 초상-서정주론」, 『시문학』, 1980. 2.
최하림, 「신화와 시의 세계」, 『문예중앙』, 1980. 3.
박철석, 「서정주론」, 『현대시학』, 1980. 5.
_____, 「미당 시학의 변천고」, 『한국문학논총』, 1980. 12.

이남호, 「윤동주와 서정주의 「자화상」비교 분석」, 고려대 석사논문, 1980.
강준향, 「소월, 미당, 지훈 삼가시 연구」, 청주대 박사논문, 1980.
김영수, 「서정주 시의 상징성에 관한 연구」, 경북대 석사논문, 1981.
김선학, 「설화의 시적 수용-「질마재 신화」를 중심으로」, 『한국문학연구』, 동국대 한국문학연구소, 1981. 2.
정금철, 「『화사집』의 심리분석적 접근-「화사」장의 시를 중심으로」, 『서강어문』, 1981. 6.
김해성, 「서정주론-그의 불교 사상을 중심으로」, 『월간문학』, 1981. 8.
황동규, 「탈의 완성과 해체-서정주의 정신과 시」, 『현대문학』, 1981. 9.
(『한국현대시문학대계 16 : 서정주』, 지식산업사, 1981.)
박재승, 「생명파 연구-서정주와 유치환을 중심으로」, 충북대 석사논문, 1981.
서우석, 「서정주-리듬의 완만한 대립」, 『시와 리듬』, 문학과 지성사, 1981.
신동욱, 「「국화옆에서」의 율격미」, 『우리 시의 역사적 연구』, 새문사, 1981.
천이두, 「서정주의 「동천」」, 『한국현대시 작품론』, 문장, 1981.
윤태수, 「미당 서정주론」, 『자하어문학』 1호, 상명여사대, 1981.
하재봉, 「서정주 시에 나타난 물질적 상상력의 연구」, 중앙대 석사논문, 1981. 12.
김재홍, 「서정주의 「화사」」, 『한국현대시 작품론』, 문장, 1981.
_____, 「생애사와 역사적 순응주의-서정주 연재시 「안 잊히는 일들」을 읽고」, 『현대문학』, 1982. 12.
권영민, 「시적 체험과 이야기조-서정주 연재시 「안 잊히는 일들」을 읽고」, 『현대문학』, 1982. 12
박재삼, 「자유자재한 것-서정주 연재시 「안 잊히는 일들」을 읽고」, 『현대문학』, 1982. 12.
오세영, 「상상력과 개인사의 시화-서정주 연재시 「안 잊히는 일들」을 읽고」, 『현대문학』, 1982. 12.
김열규, 「속신과 신화의 서정주론」, 『서강어문』, 1982.
감태준, 「미당과 목월의 초기시 대비연구」, 한양대 석사논문, 1982.
안동주, 「미당 서정주 연구-그 시정신을 중심으로」, 조선대 석사논문, 1982.
원형갑, 「서정주의 세계성」, 도서출판 들소리, 1982.
황인교, 「서정주 시의 상상력 연구」, 이화여대 석사논문, 1983.

정신재, 「미당 시에 나타난 신화적 의미」, 『시문학』, 1983. 1.
김해성, 「서정주의 시세계-불교와 국문학」, 『불광』, 1983. 2.
박덕근, 「서정주『동천』연구」, 『국어국문학』, 1983. 2.
감태준, 「미당과 목월의 거리」, 『월간문학』, 1983. 3-4.
윤재근, 「인생 유전과 진언-『안 잊히는 일들』(서평)」, 『현대문학』, 1983. 6.
김화영, 「미당 서정주론(상, 하)」, 『세계의 문학』, 1983. 9. / 1984. 3. (『미당 서정주의 시에 대하여』, 민음사, 1984.)
정신재, 「미당 시의 공간의식-초기시를 중심으로」, 『동악어문논집』, 1983. 10.
강우식, 「서정주 시의 상징주의-초기시를 중심으로」, 『동악어문논집』, 1983. 10.
최원규, 「서정주와 불교정신」, 『한국현대시사연구』, 일지사, 1983.
_____, 「서정주의 「화사」」, 『한국대표시평설』, 문학세계사, 1983.
신상철, 「『화사집』의 <님>」, 『현대시와 <님>의 연구』, 시문학사, 1983.
송효섭, 「「질마재 신화」의 서사구조 유형-삼국유사와의 비교를 통한 시론」, 김열규 편, 『삼국유사와 한국문학』, 학연사, 1983.
강희근, 「서정주 시의 서술성에 대하여」, 『월간문학』, 1984. 1.
하현식, 「미당 또는 존재의미의 변증법」, 『현대시학』, 1984. 1-3.
이종윤, 「서정주 초기시의 연구-피의 심상을 중심으로」, 경희대 석사논문, 1984. 2.
강우식, 「서정주 시의 상징연구-초기 시집을 중심으로」, 『한국문학』, 1984. 7.
이진홍, 「서정주의 「국화옆에서」에 대한 존재론적 해명」, 『영남어문학』, 1984. 12.
김영수, 「서정주 시의 상징성 고찰」, 『안동대 논문집』, 1984. 12.
이종윤, 「서정주 초기시의 연구-시의 심상을 중심으로」, 경희대 석사논문, 1984.
이해도, 「미당 서정주 연구-꽃의 의미를 중심으로」, 연세대 교육대학원 석사논문, 1984. 12.
김봉군, 「서정주론」, 『한국현대작가론』, 민지사, 1984.
구자성, 「한국 현대시에 나타난 불교사상-만해와 미당의 시를 중심으로」, 연세대 석사논문, 1984. 12.
박정환, 「서정주 시인 연구」, 『공주전문대논문집』, 1985. 1.
김지향, 「서정주 시에 나타난 무속신앙적 특성-그 신화적 접근 시고」, 『한

양여전 논문집』, 1985. 2.
박재삼, 「미당을 찾아서」, 『서정주시선 : 눈이 부시게 푸르른 날은』, 열음사, 1985.
김준오, 「원시주의와 자학」, 『가면의 해석학』, 이우출판사, 1985.
강희근, 「서정주 시 연구」, 『우리 시문학 연구』, 예지각, 1985.
백수인, 「미당 서정주의 시에 나타난 전통성 추이」, 『인문과학연구』 6, 7합집, 조선대, 1985. 9.
문정희, 「서정주의 시에 나타난 물의 이미지」, 『심상』, 1985. 10.
이영희, 「서정주 시의 시간성 연구」, 『국어국문학』 95호, 1986.5.
임종찬, 「미당의 산문시와 그 시성 Poeticity」, 『부산대 인문논총』, 1986. 6.
신달자, 「색채의식과 영원성-목월의 청색과 미당의 옥빛을 중심으로」, 『원우론총』 4집, 숙명여대 대학원, 1986. 8.
김재홍, 「미당 서정주」, 『한국현대시인연구』, 일지사, 1986. 11.
박재승, 「서정주 시의 변모과정-「화사집」에서 「동천」까지」, 『동천 조건상 선생 고희 기념 논총』, 형설출판사, 1986. 10.
이 청, 「서정주의 시와 무속과의 연관성에 관한 소고」, 『청천 강용권 박사 송수 기념 논총』, 1986. 10.
천경록, 「『화사집』의 이미지 연구」, 『선청어문』, 서울대 사범대학, 1986. 10.
김영수, 「피의 상징성과 그 기능-서정주 초기시에 있어서」, 『안동대 논문집』, 1986. 12.
김장선, 「미당 서정주 시의 원형적 고찰」, 『조선대 교육대학원 교육논총』, 1987. 2.
양인호, 「서정주의 시세계 고찰」, 조선대 석사논문, 1987. 2.
남진우, 「남녀 양성의 신화-서정주 초기시에 있어서 심층탐험」, 『시운동』, 1987. 3.
김창근, 「현대시의 원형적 상상력에 관한 연구-미당시를 중심으로」, 『동의 어문논집』, 1987. 4.
변해숙, 「서정주 시의 시간성 연구」, 이화여대 석사논문, 1987. 8.
이어령, 「피의 순환과정-미당 시학」, 『문학사상』, 1987. 10.
한만수, 「서정주 「자화상」을 보는 한 시각」, 『연구논집』 17집, 동국대 대학원, 1987. 12.

백수인, 「미당 서정주 시의 인물 고찰-초기의 시를 중심으로」, 『인문과학연구』 9집, 조선대, 1988. 2.
이진홍, 「닫힌 세계의 갇힌 바람-미당의 「화사집」 해명」, 『영남어문학』 15집, 1988. 8.
김순주, 「서정주 시 연구-신라정신을 중심으로」, 연세대 석사논문, 1988. 8.
엄해영, 「미당시에 나타난 신화적 세계」, 『세종어문연구』 5, 6집, 1988. 12.
김용직, 「한국현대시사(4)-분단상황하의 한국문학과 시」, 『시대문학』 5호, 1989, 신년호.
오시열, 「<화사>의 기호학적 접근을 통한 미당의 초기시 연구」, 『백록어문』, 제주대, 1989. 2.
이진홍, 「서정주 시의 심상 연구-「화사집」에서 「동천」까지」, 영남대 박사논문, 1989. 2.
정치희, 「서정주의 시정신 연구-인간애 사상을 중심으로」, 전북대 석사논문, 1989. 2.
오형화, 「서정주 초기시의 의미구조 연구-이원성과 그 융합의 의지를 중심으로」, 고려대 석사논문, 1989. 8.
채명식, 「미당 시와 정념 통어의 방법」, 동국대 석사논문, 1989.
정신재, 「서정주론」, 『한국현대시인연구』, 태학사, 1989. 8.
김동일, 「서정주 시 연구-화자를 중심으로」, 성균관대, 1989. 8.
이동하, 「<순수>문학과 <독재>정권-김동리, 서정주, 김춘수의 경우」, 『대학문화』, 서울시립대, 1989. 12.
박종철, 「언어학과 시학(1)-미당의 「뻔디기」를 중심으로」, 『이정 정연찬 선생 회갑 기념 논문집』, 1989. 12.
김선영, 「미당 서정주론-시적 <가다>의 의식을 통한 꽃과 영원의 의미」, 『세종대 논문집』 16집, 1990. 4.
송하선, 「백석의 「사슴」과 미당의 「질마재 신화」 대비고」, 『한국언어문학』 28호, 1990. 5.
_____, 「<자유인>과 만보의 산책정신-미당의 후기시」, 『국어국문학연구』 13집(홍대표 교수 화갑 기념), 1990. 10.
이성교, 「서정주 초기시 연구-시적 발전과정과 향토성을 중심으로」, 『평사 민제 선생 화갑 기념 논문집』, 1990. 10.

채규판, 「시의 난해성, 국소성, 중간성의 문제에 대한 연구」, 『원광대 논문집』 24-1집, 1990. 7.
정봉래, 「서정주론 서설」, 『비평문학』 4집, 1990. 10.
천이두, 「지옥과 열반-서정주론」, 『불교문학평론선』, 민족사, 1990. 10.
김종대, 「한국시에서의 민속 수용 양상-서정주의 「질마재 신화」를 중심으로」, 『돌곶 김상선 교수 화갑 기념 논총』, 1990. 11
원형갑, 「서정주의 일탈과 시인의 신성한 매춘」, 『한국현대시인 100선집 23 : 서정주, 푸르른 날』, 미래사, 1991.
이승훈, 「감성과 지성-우리시론을 찾아서(5)」, 『현대시』, 1991. 1.
오 준, 「한국 현대시에 나타난 물의 양상-김소월, 서정주, 박목월의 시를 중심으로」, 중앙대 석사논문, 1991. 2.
임종욱, 「미당 서정주 시에 나타난 불교의식」, 『동원논집』 3호, 동국대 대학원 학생회, 1991. 2.
육근웅, 「서정주 시 연구」, 한양대 박사논문, 1991. 2.
김요섭 외, 「내가 읽은 「화사집」 1-7」, 『현대시학』, 1991. 7.
송희복, 「서정주 초기시의 세계」, 『현대시학』, 1991. 7.
송하선, 「미당 서정주 연구」, 선일문화사, 1991. 10.
김화영, 「한국인의 미의식-서정주의 시의 공간」, 『예술세계』, 한국예총, 1991. 11.
임문혁, 「서정주 시의 설화 수용과 시적 효과」, 『청람어문학』, 1991. 11.
조명제, 「미당 서정주 문학 연구의 한 결정-송하선 저 『미당 서정주 연구』를 중심으로」, 『시문학』, 1991. 11.
조화선, 「서정주의 시에 보이는 누님의 모습」, 『현대시학』, 1991. 12.
심혜련, 「서정주 시의 화자 청자 연구」, 이화여대 석사논문, 1992. 2.
김옥순, 「서정주 시에 나타난 우주적 신비 체험-「화사집」과 「질마재 신화」의 공간구조를 중심으로」, 『이화어문집』, 1992. 3.
김용희, 「서정주 시의 욕망 구조와 그 은유의 정체-『서정주시선』을 중심으로」, 『이화어문논집』, 1992. 3.
이경희, 「서정주의 시 「알묏집과 계피떡」에 나타난 신비체험과 공간-달, 바다(물)-여성원형론」, 『이화어문논집』, 1992. 3.
변종태, 「미당 초기시의 연구-화제, 초점, 거리를 중심으로」, 『교육논총』, 제주대 교육대학원, 1992. 8.
최두석, 「서정주론」, 『선청어문』, 서울대 사범대학, 1992. 9.
강윤후, 「미완의 사랑을 위하여-서정주의 연시세계」, 『현대시학』, 1993. 3.
문정희, 「서정주 시 연구-물의 심상과 상징체계를 중심으로」, 서울여대 박사논문, 1993. 8.
박철희, 「신화적 체험과 시적 구현」, 『현대시』, 1993. 8.
문덕수, 「서정주론」, 『금정 최원규 박사 화갑 기념 논총』, 충남대출판부, 1993. 10.
남진우, 「뱀, 미지의 부름-서정주, 김형영, 채호기를 중심으로」, 『작가세계』, 1993. 11.
정봉래, 「시인 미당 서정주」, 좋은 글, 1993.
김선영, 「미당산, 광할한 정신의 숲」, 『서정주 문학앨범』, 웅진출판, 1993.
강우식, 「절망의 길, 조화의 길」, 『서정주 문학앨범』, 웅진출판, 1993.
신범순, 「질기고 부드럽게 걸러진 영원-미당 서정주의 「떠돌이의 시」」, 『현대시』, 1994. 1-3.
이남호, 「자포자기와 자존심」, 『현대시학』, 1994. 1.
황종연, 「신들린 시 떠도는 삶」, 『작가세계』, 1994 봄호.
김화영, 「봉산산방의 화창한 웃음」, 『작가세계』, 1994 봄호.
유종호, 「소리 지향과 산문 지향」, 『작가세계』, 1994 봄호.
정현종, 「식민지시대 젊음의 초상」, 『작가세계』, 1994 봄호.
이광호, 「영원의 시간, 봉인된 시간」, 『작가세계』, 1994 봄호.
김주연, 「신비주의 속의 여인들 …… 시? 시」, 『작가세계』, 1994 봄호.
박철희, 「서정주와 민간전승」, 『화강 송복주 선생 회갑 기념논총』, 1994. 5.
임우기, 「오늘, 미당 시는 무엇인가?」, 『문예중앙』, 1994 여름호.